U0058251

普 天 之 下 ‧ 盡 是 好 書
普天出版家族
Popular Press Family
凌雲
A Plus
Creative Company
文創

印度詩人泰戈爾曾說：

越是有人責備我，我就越堅強；越是面對刻薄的人，我就越懂得寬容。

因為，刻薄的人，有時候是一面自我省思的鏡子，我們可以從鏡子中看到自己曾經刻薄的嘴臉，進而體會到被刻薄的人，那份渴望被寬

法國文豪巴爾札克曾經寫道：

世上所有德性高尚的聖人，都能忍受凡人的刻薄和侮辱。

其實，有時候，刻薄的人，比那些表面迎逢你的人更有用處，因為，他們的話語雖然尖酸，但卻句句是實話，他們的行為雖然刻薄，但卻可以當作負面借鏡，讓你學到寬容的處世智慧。

王渡——編著

出·版·序

做人寬容，做事就更圓融

人要學會放下痛苦，用寬容的心情看待事情，才能過著幸福的日子。
只要學會寬容的智慧，就可以讓自己的人生變得更加精采。

·王渡

詩人朗費羅曾經說：「別人對你的刻薄，可說是你向上提昇的一股助力，對於懂得藉此來學習寬容的人，刻薄對他來說，可是一筆心靈財物。」

其實，對某些人來說，刻薄可以使他們變得怨天尤人，變得對人不信任，但對天性樂觀的人來說，刻薄卻可以讓他們知道，什麼才是真正的寬容。

莎士比亞在《李爾王》劇本中寫道：「我的敵人的狗，即使牠曾經咬過我，在寒冷的夜裡，我也要讓牠躺在我的火爐之前。」

寬容是一種生活智慧，人生不可能沒有失意、煩惱，人與人不可能沒有摩擦、齟齬，要學會轉換心情看事情，不要讓小事困擾自己。唯有選擇帶著微笑面對，走在人生路上才會擁有更多機會。

人無法孤獨的活在世上，活著是爲了自己，也爲了別人。爲自己，要活得幸福，懂得欣賞世上萬物之美，讓生命豐盈；爲別人而活，就要有愛，關懷他人的生命，包容他人的過失。

雖然要完全做到待人溫厚與寬恕不是一件容易的事，至少要當成學習的課題。如此，社會上才不會只有鬥爭、傷害、仇恨和暴力。

二次大戰期間，戰火四起、屍橫遍野，宛如人間地獄。

那時，有一支部隊在森林中與敵軍相遇，經過了一番激戰後，死的死、傷的傷，雙方各自退兵逃離。

在混亂中，有兩名來自同一個小鎮的士兵脫隊了。他們求助無門，只能彼此鼓勵、互相扶持，在一片死寂的森林裡艱難跋涉。

就這樣，十多天過去了，在糧食缺乏又擔心遭遇突襲的情況下，他們身心備受煎熬，卻仍然沒有和部隊聯繫上。靠著身上僅有的一點肉乾，兩個人在林中努力的求生。

走到一處隘口時，他們看到了一隊敵軍。兩人知道毫無勝算，巧妙地避了開來，誰知等到危機解除後，走在後面的士兵竟然朝著前方的盟友安德魯開了一槍。子彈打在安德魯的肩膀上，他用不可置信的眼神望著開槍的隊友，癱坐在泥土地上。

開槍的士兵害怕得淚流滿面，慌張地丟下手裡的槍，衝上去抱住安德魯，嘴裡不停唸著：「媽媽！媽媽！天啊！我到底做了什麼！」

安德魯碰到隊友顫抖的雙手，怎麼也想不到戰友會朝自己開槍。幸好傷勢不嚴重，安德魯並沒有責怪戰友。

後來他們兩個都被部隊救了出來，也各自回到了家鄉。

之後的三十年，安德魯假裝什麼也沒發生過，從沒提起此事。直到有一天，安德魯去奠祭戰友的母親，在喪禮上，戰友跪在母親的靈前，請求安德魯原諒當年的事。安德魯扶起他，不再讓他繼續說下去。

安德魯知道，當時他想獨吞自己身上的肉乾，只是想爲了母親而活下去。這是戰爭的殘酷，並不是他的錯。安德魯從心底眞正寬恕了他，之後他們又做了幾十年的好朋友。

作家大仲馬曾經寫道：「我們必須體驗過別人對自己的刻薄，才能真正體會寬容之後的喜悅。」

生活中難免會有諸多令人感到厭煩的人事物，但是，要學會用寬容的心情看待。愈是睿智的人，愈有寬容的胸襟，樂觀、忍讓、圓融的個性，讓他們成爲眞正出類拔萃的成功人士。

人要學會放下痛苦，用寬容的心情看待事情，才能過著幸福的日子。人生是快樂或痛苦，關鍵就在看待生活的態度，只要學會寬容的智慧，就可以讓自己的人生變得更加精采。

過去的就讓它逝去，安德魯徹底做到了以德報怨。他知道爲了自己和他人的生存而犯下的過錯，是值得原諒的。

「以德報怨」，是寬恕與包容的最高境界，也是人類心胸寬闊的具體表現。相反的，冤冤相報，只會形成代代世仇，造成更多的悲劇而沒完沒了。

愛因斯坦曾說：「寬容意味著尊重別人的無論哪種可能存在的信念。」

的確，愈是睿智的人，愈有寬容的胸襟，一個寬宏大量的人，愛心往往多於怨恨，樂觀、忍讓的圓融個性，讓他成爲一個眞正聰明有智慧的人。原諒是金，道歉是銀，能學會寬恕的人才能得到人生最大的財富。

[PART 2]

學會放下，才能活在當下

人的心往往比腿還累，是因為不懂得放下多餘的行李。提著這些過重的情緒旅行，只會造成旅途的負擔。

【PART3】讓陽光照進你的心窗

孩子可以毫無保留的付出，他們的愛可以包容一切。身為成人的我們反而應該向孩子學習寬容地對待周遭的人事物。

PART 4

要有寬容別人的心胸

為別人付出的同時，自己也得到收穫。讓自己多一點熱心、一點關懷，世界將會更圓融、更美好。

學會寬容，行事才會圓融

璞玉要經過琢磨才展現光彩；一座花園，要經過四季的洗禮，才能展現風采。去蕪存菁之前，得先寬容地給予空間。

【PART 6】

何必和蒼蠅生氣

爭吵的時候，通常是一方先動怒或動手，只要忍一忍，不理睬對方，把他當作一隻瘋狗，就可以免去一場動粗的危機。

【PART7】

懂得寬容，就能輕鬆溝通

溝通是一門學問，也是一項生活藝術，多元地運用各種修辭，不論是隱喻或形容等，溝通將是妝點人生的最好裝飾。

【PART 8】

積極經營自己的生命

學習伍登在每天睡前的激勵法，告訴自己：「我今天表現得最好，明天也會如此，後天也是，永遠都是！」

【PART9】

不要怪別人對自己太刻薄

踩在泥濘的道路上，我們得用力地拉起雙腳才能走出泥地，人生之路不也如此？

［PART 10］

想不同凡響，先找對方向

當你在設定目標的時候，要全面而周詳地評估，找出新目標的發展性與獨特性，如此才能創造出真正的「不同凡響」。

【PART 11】打開心，就無處不開心

少了「真實的感情」，人與人之間便很容易出現裂縫，也很容易造成不必要的緊張關係，而讓人失去了生存的自信。

寬容才是最好的互動

人與人互動過程中，必須用心去感受，
用寬容代替指責，
別讓無意的動作成為刺傷心靈的利刃。

別用偏見做出錯誤的判斷

別因生活的壓力加上偏見，而否定了人們善良的一面。凡事在評論前先往好的一面去思考，別妄下偏頗的論斷。

從遠處觀察做出的判斷，有可能是錯誤的，而且一旦做出評判，人與人之間就無法建立眞正的信任。

很多時候，人們習慣以自己的角度來判斷別人，在先入爲主的觀念下，無法從客觀的角度看事情。許多美意因而成爲偏見下的犧牲品，也打碎了一顆顆善良、單純的心。

有一位單親媽媽獨自撫養四個年幼的孩子，上班所賺的薪水非常微薄，只能勉強維持家中的基本開銷。

可是，節儉的她努力做到讓孩子有正常的家庭生活，不愁吃、不愁穿，行爲得體，個個都是有禮貌的好孩子，不以現狀的生活爲苦。雖然她時常覺得心力交瘁，但是看到孩子們一天天長大，心裡感到很欣慰。

有一年聖誕節又要來臨了，雖然家中經濟不寬裕，但是單親媽媽心裡卻有一個計劃，希望日漸長大的孩子能過一個眞正的聖誕節。

從很早開始，她在日常開銷外另存了一筆錢，當孩子們快樂的整理房間、佈置聖誕樹時，她在心裡盤算著要如何分配所存的一百二十美元。等到一切都弄好，她將四個孩子叫到身邊，告訴他們每個人將能拿到二十美元，要他們準備五份約四美元的禮物，她希望每個人都能送出最眞誠的祝福。

接著，全家來到大賣場分頭採購，約定兩小時後出口碰面。

回家的路上，孩子們興高采烈，不住嬉笑。大家互相猜測對方買的禮物，你給我一點暗示，我讓你搖搖袋子，笑得合不攏嘴。在每個人開心唱起耶誕歌曲時，只有八歲的小女兒吉亞異常安靜，媽媽注意到吉亞的購物袋又小又平，但是她一句話也沒說。

回到家中後，她立刻把小女兒叫到房間來，問她到底買了什麼禮物。當她發現袋子裡面裝的只是五十分錢一大把的棒棒糖後，簡直難以置信，不禁怒火中燒，不悅的責問吉亞：「妳到底把那二十美元用到哪裡去了？」

「媽媽，原本我想送您跟哥哥姊姊們一些特別的禮物，可是當我拿著錢到處亂逛時，看到一棵『給予援助中心』的許願樹。樹上有許多卡片，其中一張是一個四歲小孩寫的。她一直盼望耶誕老人能送她一個會唱歌的洋娃娃。所以我取下卡片買了一個洋娃娃送到援助中心的禮品區了。」吉亞一邊哽咽，一邊神情擔心的說著。「我們有那麼多人，已經可以得到許多禮物，而那個小女孩什麼都沒有，所以我想……」

吉亞還沒說完，媽媽已經緊緊擁住她，忍不住紅了眼眶。

她覺得吉亞送給大家最棒的聖誕禮物，就是一個陌生小女孩滿足的笑臉。

有位母親說了自己的經驗，某天她帶著孩子出門，到目的地後她去辦事，讓孩子留在機車上等待。當她出來時，看見孩子整個人趴在坐墊上，忍不住火大的責罵小孩坐沒坐相。只見孩子委屈的說：「天空滴起小雨來，我怕媽媽的位置會淋濕，所以用身體擋著……」

母親聽完紅了眼眶，內心充滿感動與愧疚。

吉亞的母親一開始認定了吉亞是個自私且貪心的女孩，想獨自留下買禮物的錢，因此找了一堆廉價的棒棒糖充數。她用世俗的眼光來評斷孩子，只相信眼前所見就苛責吉亞所爲，其實這樣的傷害是可以避免的。

別因生活的壓力加上偏見，而否定了人們善良的一面。

凡事在評論前先往好的一面去思考，別妄下偏頗的論斷。世界上最無價的寶物，除了溫暖的笑容外，更是一顆善良、同情和體貼的心。

保持寬闊的心胸，就不會衝動

只有改變對事情的看法以及自己的態度，才能真正控制脾氣。用一顆寬闊的心來看待事物，才能把惡緣化成善緣。

七情六慾中，生氣帶來的威力最是驚人，造成的傷害也最快。因爲，生氣時人很容易失去理智，接著伴隨而來的是衝動。在衝動下，任何事情都有可能發生。

我們都知道這個道理，可是常常事情發生時，第一個反應是生氣。到底是氣對方的過錯，還是氣自己不小心，往往當事人也不清楚。

生氣並不能解決問題，有時甚至會引起更大的衝突。

某天法師正從室內走出，門才剛打開，一個彪形大漢就撞了上來。很不巧的，門板打上法師的眼鏡，鏡片戳傷了他的眼皮，掉落地上摔個粉碎。滿臉落腮鬍的大漢馬上先聲奪人的說：「誰叫你要戴眼鏡！」

法師心想：「因緣合和而生世間法，有善緣、有惡緣。唯有慈悲以待，才能將惡緣化為善緣。」於是就以微笑回應大漢的無理。

大漢見到法師的表情，訝異的問他：「喂！和尚，你怎麼不生氣？」

法師藉機教育說：「我為什麼要生氣？生氣不能使破掉的眼鏡復原，臉上的傷口也不會消失。再說，如果我生氣了必定會和你起衝突，可能破口大罵或者大打出手，這樣只會傷身傷心，事情也無法解決。」

「若能以世間的因果報應來看待，只要我早一分鐘或晚一分鐘，都能避免我們相撞。但是我們偏偏撞在一起，那就是在消解我們過去的一段惡緣。因此，我不但不生氣，還要感謝你幫我消除業障呢！」

大漢聽完若有所思的離開了。

一段日子過後，法師突然收到一封掛號信，裡面還附著一張五千元的匯票。信裡寫著：

「師父慈悲：那天和您那一撞，救活了三條生命。年輕時的我不知進取，在工作上沒有好成績。因爲這樣，我常常怨天尤人，成家後也不知善待妻子，常常拿她出氣。

有天我出門上班，走到半路發現少拿一份文件，於是又折返回家，竟然見到妻子與一名男子在家中說說笑笑。我頓時怒火上升，衝動的跑進廚房拿了菜刀想殺了他們兩個，再自我了結。那個男子驚慌中臉上的眼鏡摔破在地上，突然讓我想起師父的話：『生氣不能解決問題』，這才冷靜下來。

經過這件事，我不斷的反省，是因爲自己的不負責任和壞脾氣，才會讓妻子出軌。現在的我不再暴躁莽撞，也不再冷落妻子。目前家庭和諧，工作上也順利多了。這一切都要感謝師父的開示，讓我的一生徹底改變。因此特匯上五千元，兩千用來賠償師父的眼鏡，剩下的三千爲我、妻子和那個男人做功德、消業障。」

人在盛怒的情況下，往往容易失手，造成無可挽回的悲劇。但即使如此，人們還是很難控制自己的脾氣，通常都在事後才懊悔、苦惱，將一切歸咎於生氣時失去理智。

會生氣，就是因爲心裡在意；越在乎的事情，投入的精神也越多。

另一方面，會生氣則是小氣，不想自己的利益有任何的損傷，因此對他人所爲不滿而生氣。

只有改變對事情的看法以及自己的態度，才能眞正控制脾氣。像法師一樣，用一顆寬闊的心來看待事物，才能把惡緣化成善緣。

下次脾氣上來時，給自己一分鐘的時間和空間冷靜下來，想想該用什麼樣的方法，才是最理想的解決方式。

用寬容的態度原諒別人的錯誤

用寬恕代替責罵，才能徹底改變一個人的生命，讓他勇敢的為自己的過失負責，並且在別人犯錯時，也同樣用寬容的心面對。

犯錯通常伴隨而來的是處罰。每個人的成長過程中，多多少少曾經做錯事，也體會過那種擔心害怕、恐懼即將被處罰的心情。除了皮肉之痛，更怕的是面對憤怒的臉孔、嚴厲的指責。

許多人長大後，回憶過往的生活，能記住的痛苦經驗往往比美好的回憶還多，有些人甚至一輩子被這樣的傷痛綑綁著，無法解脫。因爲，那時受傷的，不只是身體，還有深植心靈的傷口。

自尊心喪失、人格被否定、異樣眼光等等，所造成的影響無法估計，而一切只源於一個小錯誤。

美國作家傑瑞·哈伯特在作品中回憶著一段影響深遠的往事。

他在書中寫道：「她是我幼時的鄰居，住在威斯康辛州，我已經不記得她的名字。她是我當送報生時的客戶之一。」

「那是一個風和日麗的下午，我和朋友躲在那位老奶奶的後院玩耍。我們朝著她的屋頂扔石頭，看著石頭像子彈一樣飛出去，然後從另一邊落下。我們比賽誰扔得最高、最遠。玩得正開心的時候，突然砰的一聲，一顆不長眼的石頭就這樣硬生生的砸到閣樓的窗戶。看著滿地的碎玻璃，害怕的我們飛也似的逃離了現場。」

「那天晚上，我躺在床上翻來覆去怎麼也睡不著。我深怕老奶奶發現是誰打破的，並將這件事告訴我的父母。一連幾天過去了，什麼事也沒發生，忐忑的心情放鬆許多。當確定已經沒事後，我的良心開始不安，我為自己的行為感到慚愧，心裡充滿罪惡感。尤其當我每天為她送報紙時，她仍然和藹的對我微笑打招呼。」

「於是，我下了一個決定，我要將送報紙所賺來的錢存下來，賠給給老奶奶修玻璃。經過了三個星期，算了算總共有七美元，應該足夠了。我將七美元和一張解釋來龍去脈的紙條放在信封裡，並在紙上表達我深深的歉意，希望這些錢可以拿來修玻璃。」

「趁著夜深人靜時，我偷偷的將信封投進老奶奶家的信箱。第二天，當我又為老奶奶送報，已經能坦然的接受她所回報給我的笑容。正當我要離開時，她突然叫住我，說她烤了一些小餅乾想請我嚐嚐。接過裝餅乾的紙袋謝過了老奶奶，我往回家的路上走去，邊走邊吃著餅乾。一連吃了幾片後，我突然發現裡面有一個信封。打開一看，裡面竟然裝著七美元和一張紙條，上面寫著：『我為你驕傲。』」

法國作家福萊曾經寫道：「一個不肯寬容別人的人，就是不給自己留餘地，

因為，每一個人都有犯下過錯而需要別人寬容的時候。」

倘若結局換成老奶奶生氣的找上傑瑞的家長，指責他們教育失敗，放任小孩子調皮搗蛋，那麼家長必定顏面掃地，可能給傑瑞狠狠的處罰。

若以東方人早期的做法，甚至會拉著孩子走上大街，打罵一番給街坊鄰居觀看，以示負責。

用寬恕代替責罵，才能徹底改變一個人的生命。老奶奶所做的，不僅僅是原諒傑瑞犯下的錯誤，也同時在他的人生中上了寶貴的一課。

正因爲如此，後來傑瑞才能做到誠實的面對錯誤，勇敢的爲自己的過失負責，並且在別人犯錯時，也同樣用寬容的心面對。

不要因為競爭而輸掉人生

爭一口氣的代價實在太大了，或許起先是為了自尊和面子，但最後付出的代價卻是你的人生。

有競爭才會有進步，但是在競爭的過程中，你眞的知道自己要的是什麼嗎？從這個競爭得到的又是什麼？

有時候，我們會爲了一些莫名的原因與他人爭來爭去，爭到最後連自己在爭什麼都搞糊塗了，而在競爭的過程中，錯失掉許多美好的事物。這些事物，可能是一個朋友、一段感情，甚至健康……

目的達到後，失落感往往比成就感大，得到的反而不一定多。

街角有一個修鞋匠，年約五十多歲，每天工作的時間不長，天氣不好時更是早早收攤回家。

有一天，來了另一個修鞋匠，年紀跟先前的差不多，臉上佈滿皺紋，是個拄著枴杖的瘸子。

從那天起，第一個修鞋匠拉長了工作時間，連颳風下雨也不肯離開。兩個人的競爭從此展開，彼此都想多賺一點錢。他們從來沒有跟對方說過話，每天誰來得早就佔主要的位置，另一個只好摸著鼻子窩到角落裡。

一天天過去，兩個人明爭暗鬥，起床的時間也不斷提早，彼此毫不讓步，連旁人看了都忍不住搖頭嘆氣。

冬天到了，這樣的情況沒有減緩，反而越來越嚴重。爲了佔到第一個位置，兩人甚至在寒冷的夜晚在戶外打地舖睡覺。晚上凍了一夜，白天起來工作時，兩人臉色都很差，連手都裂開了。寒流來時，就算街上一個人也沒有，他們還是沒有提早離開過，就像雪裡的兩座雕像。

這樣的競爭持續了一年，有一次，瘸子沒有出現，另一個疑心著他是不是生病了，幾天過後還是沒有見到他的人影。

某天，第一個鞋匠正低著頭修鞋時，聽到對面擺攤的老闆說：「那個瘸子眞可憐，腦溢血拖了幾天，還是死了。」

修鞋匠一聽愣住了，眼淚掉了下來。那瞬間他突然覺得自己好傻，就爲了爭一口氣，兩個人沒命的比較，現在人死了，他卻連話也沒跟對方說過。

他想通了人生不過如此，實在沒必要這樣的計較，便在清明的時候，買了一些紙錢燒給死去的修鞋匠。

過了一陣子，又來了一個比較年輕的修鞋匠，老是搶第一個位置。年長的修鞋匠總是笑著讓給他，後來兩人成了朋友，天天有說有笑的一起工作。

常見許多人完成某件事後，對大家坦承這段日子以來的心情，是痛苦且不快

樂的。

問他們明知如此，爲何仍然選擇這樣做時，得到的答案就只有一句話：「就是爲了爭一口氣啊！」

這樣的回答的確震撼人心，可是代價實在太大了。或許起先是爲了面子和自尊，但是最後付出的代價卻是你的人生。有些時候，只是自己太過在意別人的看法，其實換個角度跟方向，也同樣可以肯定自己。

在修鞋匠的爭奪戰中，兩人都失去了與家人相處的時間，其中一個甚至丟掉性命。他們把所有心思用在如何和對方較勁，即使沒有客人也不在乎，這樣的爭奪一點也沒有意義。

認清自己的目標和目的，做良性的競爭，不是更有意義嗎？

寬恕他人就是寬容自己

生活是可以靠自己創造出來的，一切只在於心態的轉變。對生活不滿時，或許可以仔細思考，誰才是真正沒有善待自己的人！

塞斯在《個人眞相的本質》一書中曾經提到：「事物在時間的停留比在空間還要長久。」

確實如此，在空間一閃而逝的事物，在時間中卻可以不斷流傳，在記憶中也可以永遠的存在。

許多人無法用心享受生命的喜悅與驚奇，甚至罹患憂鬱症等心理疾病，原因就在於他們常常將自己困在某個不快樂的回憶，即使過得再久也不肯放下，執著於過去，而無法看到現在與未來。

露西一生都痛恨自己的父母。露西還小的時候，父親常常不在家，一出門就是好幾個月，一回來，全家就陷入恐懼之中。他不斷喝酒，還拿露西出氣，當母親想阻止他的行爲時，父親還會拿起皮帶鞭打母親。母女倆常常怕得躲在牆角不敢出聲。

終於有一天，母親再也受不了，留下露西離家出走。

母親離開不久後，父親也消失無蹤，把露西留給祖母照顧。從小露西就過著沒有雙親關懷的生活，慶幸的是，祖母對她的愛一點也沒有減少。但是，父親的暴力和母親拋棄她的行爲，仍給露西的心靈造成很大的傷害。露西常會因爲一點小差錯而大發雷霆，讓大家受不了。

露西唸大學時，臥病在床的祖母過世了，露西受到了很大的打擊，就在此時，她的父親出現了。

那時，父親與同居人住在一棟小公寓，希望露西可以搬去一同居住。

雖然接受了父親伸出的雙手，但露西卻無法完全接納這個新的家庭。儘管新阿姨對露西釋出很多的善意，父親對她好言相勸，都無法改善露西表現出來的攻擊性和不滿。

畢業後，露西進入一個不錯的研究機關工作。或許是長期對家庭不滿，當她看到同事們擁有正常家庭和快樂生活時，就會無意中流露出羨慕和嫉妒的神情。不知不覺中，露西的個性越來越怪異，對同事常常語帶諷刺，對晚輩也越來越苛求，宛如全世界的人都辜負了她。

她常對別人說：「你眞的好幸福喔！你可以擁有正常的家庭跟雙親，為什麼你可以這麼幸運，而我卻那麼辛苦？」

漸漸的，露西對每一個人和每一件事都看不順眼，總是大聲或者以挖苦似的諷刺來責罵晚輩，總是抱怨同事為何做的事情比自己少，表現得不滿意自己的生活和工作。

長期下來，露西就像一叢帶刺的荊棘，沒有人願意接近她。到後來，露西因為情緒不穩而導致胃病，整個人骨瘦如材，臉色蒼白，原本清秀的臉蛋也成了晚娘面孔，找不出一絲笑容。

從艱困環境中脫穎而出的露西，有這麼好的成就，原本是件值得欽佩的事。只可惜露西無法解開自己的心結，將自己困在幼時的陰影中，無法像祖母對她付出的愛般，學習原諒她的父親。

她只記住父親的暴行，不願去接受悔過後的父親所做的補償。因此她將自己困在時間的洪流中，一次又一次的用記憶折磨自己。

當她抱怨著父親過往的錯誤時，自己也在不知不覺中重蹈覆轍。露西認為她是個受害者，每個人都對不起她。她用嚴厲的眼光來要求每一個人、每一件事，總想著：「我都可以這樣走過來了，別人應該要有更好的表現。」

就因為這樣，她失去了體貼的心。

露西學不會的，不僅是對父親的寬容，還包括了如何寬容自己。縱使她已經有能力選擇自己想過的人生，可是卻一再把自己綁在死結裡。

她看不到環境帶給她的考驗，反而成就了她對生命的韌性。當她抱怨著別人如何對待她時，卻忘了自己才是最大的加害者，不僅把痛苦帶給別人，更加倍回報在自己身上。

想要怎樣的生活，有如何的體驗，是可以靠自己創造出來的。

一切只在於心態的轉變。當你對生活不滿時，或許可以仔細思考，誰才是真正沒有善待自己的人！

試著用寬容的心情，面對那些惱人的事情吧！

不要讓誤會造成決裂

堅持原則是正確的，但不代表沒有轉圜的空間。因為懷疑與不信任在雙方心裡留下的疤痕，才是真正的遺憾。

當你對一個人產生懷疑，你就會開始猜忌。一但有了這個念頭，他所做的每件事、所說的每句話，甚至走路的方式，都會讓你起疑心。

要指責一個人的過錯，應該先找出證據，才能確定看法，但是很多人常常先確定自己的判斷，才去找尋證據。

一旦有這個先入爲主的觀念，心自然會往偏差的方向傾斜，眼睛所見也不再客觀。誤會因此而產生，在雙方僵持的情況下，遺憾就這樣形成了。

有一對雙胞胎兄弟自小感情融洽，做什麼事都在一起。他們共同經營父親留下來的商店，兩兄弟同心協力，把店打理得井井有條，日子也過得很平順。可是有一天，一塊美元的遺失讓一切都改觀了。

那天早上，哥哥將一塊美元放進收銀機後，就出門和客戶談生意。當他下午回來打開收銀機一看，發現少了一美元，便問弟弟有沒有看到裡面的錢，弟弟否認了。

哥哥聽了很不高興，認爲錢又沒有長腳，不可能自己跑掉，一定是弟弟拿走又不肯承認。弟弟則覺得很委屈，明明沒做卻被冤枉。

就因爲這樣，兩人之間有了心結，雖然生活在同一個屋簷下卻像陌生人一樣，一句話也不說。

尷尬的氣氛持續了好一陣子，到後來兩個人再也受不了了，於是決定分家。他們把店分成兩半，並且在中間隔出一道牆，各自做生意，彼此不相往來。

幾年的歲月就這樣過去了，兩兄弟還是沒有解開心結。

有一天，一輛名貴的跑車停在哥哥的店門口，從裡頭走下一個衣裝筆挺的男士，走進店裡，開口問哥哥：「請問你在這裡工作多久了？」

哥哥回答他：「我這輩子都在這裡服務。」

男子聽完，神情突然變得很嚴肅的：「如果是這樣，我必須告訴你一件事。二十年前我被公司裁員，整個人變得很沒鬥志，後來就成了一個不務正業的流浪漢。我到處閒晃，有一天來到了你們這個小鎮。那時我已經好幾天沒吃東西了，肚子餓得發慌。剛好路過你們店門口，就趁四下無人的時候從收銀機裡偷走了一塊美元。過了這麼多年，我的良心一直受到譴責，所以我一定要回到這裡，請求您的原諒。」

哥歌聽完早已淚流滿面，請那人到隔壁去，將這個故事再說一遍。說完之後，店門口衝出兩個面貌相似的中年男子，站在街頭抱頭痛哭了起來。

世界上很多的遺憾都是源自於誤會，因誤會而造成的聚散離合的不在少數，而不肯原諒、不肯道歉而造成的感情裂痕，才是眞正的遺憾。直到時間逝去、人事已非，想再去愛一個人，卻沒有能力去愛了。

小小的一塊美金，代表的不僅僅是金錢，更是親情的考驗。因爲懷疑、不信任，讓雙方的心裡都留下疤痕。

哥哥所在意的並不是金錢，而是一個答案，無法接受弟弟對自己隱瞞。對弟弟而言，不只在人格上受到極大的侮辱，親情也遭逢創傷，他覺得委屈與無奈，因而導致憤怒。

倘若當初偷錢的人沒有出現，兩兄弟是否就這樣老死不相往來，徒留遺憾呢？許多可笑的誤會，常常導致終生的悲劇。雙方不讓步下，痛苦的又是誰？

不必要讓生活上的小誤會影響感情，不管是親情、愛情、友情，以及人與人之間的交往。堅持原則是正確的，但不代表沒有轉圜的空間。

寬容才是最好的互動

人與人互動過程中，必須用心去感受，用寬容代替指責，別讓無意的動作成為刺傷心靈的利刃。

從前的人相信打罵教育，認爲不打不成器，結果打垮了自信、打傷了親情，最後也只是打出「氣」來。

現在的人則講求賞罰並用，就像利益交換般，只講條件。

不論是哪種方式，在孩子成長的過程中，多多少少都會留下幾道傷痕。這些傷口可能永遠沉寂在內心深處，有些則會在某個時間點上引爆出來。最糟糕的是，一旦生活在傷口的陰影下，甚至會在不知不覺中用同樣的手法傷害到下一代。

孩子最初的啓蒙教育來自於家庭與學校，這過程影響著將來的發展。所謂的人本教育，就是尊重孩子成為一個「人」，孩子不是私人的財產，也不是大人製造一件物品，而是完整的個體。尊重孩子其實一點都不難，端看是否用「心」於小細節而已。

一位中學老師離開教職多年後，接到一封學生的來信，內容敘述著一件不經意的小事造成的深刻影響。

當時，這位老師任職的中學是男女合校，學校方面對學生談戀愛一事特別重視，並採取嚴厲的手法來禁止。

信裡頭寫道：「那個晚上在校園散步被老師撞見時，我們的心跳得七上八下，深怕被您認了出來。那時我們兩個走在一起，最擔心的就是一道無情的光直接照在我們的臉上。可是，您卻沒有打開手電筒，只是若無其事的假裝欣賞夜色，告訴我們夜深了，該休息了。如果當時光線照上我的臉，一定會讓我感到無地自容，從此耿耿於懷、無心學習。一直到現在，我都沒有忘記這件事。在此我要鄭重的向老師說一聲：謝謝您！」

之後老師回憶起這段往事，對朋友說：「那個晚上，我並沒有注意到有沒有開手電筒會對一個孩子造成那麼大的影響。我只知道他們正在戀愛，原本要訓示幾句，後來想想也就算了。」

因爲這封信，讓這位老師深深的體會到許多生活上的小細節，也會在無形中造成很大的影響。

因此，他開始注意自己的言行，注意自己所說的話對方是否會在意，臉上有沒有流露出不耐煩的神情。

對於每一個孩子，尤其是犯了錯的孩子，這位老師更給予尊重。因爲他知道，嚴厲責備只會在幼小的心靈留下一道傷痕，造成永久的傷害。

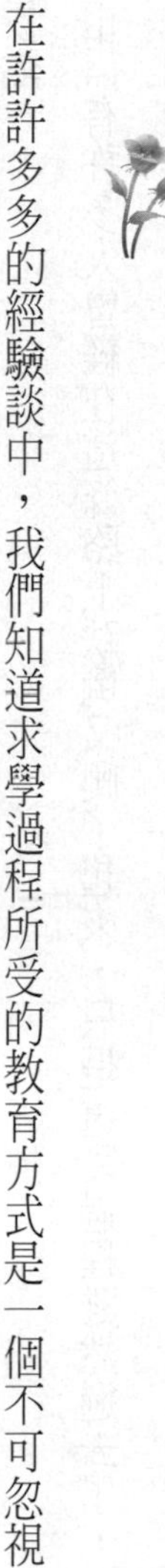

在許許多多的經驗談中，我們知道求學過程所受的教育方式是一個不可忽視

的轉捩點。

相信有許多人曾經在這條路上跌倒又爬了起來，只是這段過程雖然過去了，卻往往刻骨銘心。

仔細探究問題，很多傷害都是可以避免的。

在日常生活中，在人際交往時，我們是否也在不自覺中維護一個人的自尊，或者傷害了一個心靈？

幽默作家蕭伯納曾提醒我們寬容地對待自己和周遭的人：「想要擁有圓融和諧的人生，就必須保持心情舒暢，滿懷信心地大步向前。」

人與人的互動過程中，必須用心去感受，用寬容代替指責，別讓無意的動作成爲刺傷心靈的利刃。

他也可以成為別人的「天使」

每個人的心中都有一個孩子，當我們都能做別人的天使，以溫暖的眼光注視著身邊的人，和諧的氣氛將在生活中散佈。

從中古時期開始，很多人就知道兒童就像軟蠟，可以用不同的方式塑造。童年是人生中最容易教導的階段，兒童的教育對日後有著極大的影響。可是，時至今日，問題兒童不但沒有減少的趨勢，還日漸成爲頭痛少年，最後變成社會的敗類。

有人提倡「愛的教育」，也有人只相信「鐵的紀律」，當雙方各持己見時，卻忽略了很重要的一點。那就是不管是哪種方式，教誨若無法直達內心深處，都是枉然的，或許可以抑制一時，卻無法長久的影響，等到當下的感覺一過，便又回復舊態。

英國牛津大學的著名心理教授肯特．基恩在一次少年管教所的演講中，說了一個他幼時的故事。

肯特小的時候是一個調皮搗蛋的孩子，既不愛唸書又常滋事，而且報復心很強，只要別人一不小心得罪他，他一定連本帶利討回來，因此老師和同學都不喜歡他，連家人也受不了他。

然而，肯特的心裡，卻是非常渴望有人可以了解他。他在獨處一人時，常向上帝默默的禱告：「親愛的天父！請您給我一顆善良的心，讓我學會寬容別人，並且得到與人相處的智慧，就像班上的卡列爾一樣優秀。」

或許上帝正好在忙，沒有聽到肯特的祈求，他依然是個人見人厭的孩子，甚至有老師揚言只要有他在，就不肯教導這個班。

肯特升上三年級時，學校來了一個新老師——瑪莉亞小姐，是一個年輕又漂亮的女老師。當她走進教室站上講台時，整個班級嘩的一聲吵了開來，聲音大得幾乎要把屋頂掀開。肯特帶頭將課本往天花板扔，並對老師送飛吻、吹口哨，一點都不尊重。

瑪麗亞小姐並不像其他老師一樣，大聲斥責要大家安靜，反而微笑的看著大家，不發一語。肯特覺得無聊，於是停止惡作劇坐回椅子上，同學也跟著停止喧鬧。瑪麗亞小姐等到全部安靜下來後，就開始自我介紹，當她要把名字寫在黑板上時，發現沒有粉筆。那時肯特突然心頭一緊，想著：「糟了！老師會不會發現粉筆是我拿去藏起來的。」

這時瑪麗亞小姐轉過身笑瞇瞇的說：「誰願意去幫老師拿盒粉筆呢？」話才一說完，全班馬上鬧哄哄的吵了起來，所有男生都搶著要幫忙。瑪麗亞小姐環視了教室一圈，最後眼光落在不動聲色的肯特身上，說道：「我找到最適合的人選了，肯特，就是你了。可以請你幫這個忙嗎？」

肯特當場愣住，呆呆的問了一句：「爲什麼是我？」

「因爲我看得出你熱情、靈活又具號召力，我相信你會把這事情做得很好。」

瑪麗亞小姐認眞的說著。

肯特將藏在樹叢裡的粉筆很快的拿了回來，當他要把粉筆交給瑪麗亞小姐時，露出了沾染泥巴的指甲。

肯特很不好意思，怕被發現粉筆是他藏起來的。但是，瑪麗亞小姐給了他一個天使般的笑容，肯特這才放下一顆不安的心。

從此以後，肯特如脫胎換骨似，一改過去的惡習，成爲一個上進又體貼的孩子，因爲天使正注視著他。

每個孩子的本性都是善良的，他們出生時就像一張白紙，在生活中學習、刻畫。故事中的肯特是個幼時讓人頭痛甚至放棄的孩子，卻因爲瑪麗亞老師的幾句話，成爲日後的心理學家和知名作家。那是因爲他本性不壞，只可惜沒有人看透這一點，大家只把他當成一個麻煩。

孩子是感受最敏銳的一群，你是否發自眞心，或者只是敷衍，他們都能感覺到。

很多問題孩子外表雖然張狂，內心卻是自卑的，退讓或高壓的教育方式都不對，而要眞正去了解、感受他們的優點。

要讓他們知道自己是被重視的，並且讓他們明白只有尊重自己的人，才能得到別人的尊重

每個人的心中都有一個孩子，不管他的年紀有多大。

當我們都能做別人的天使，以溫暖的眼光注視著身邊的人，和諧的氣氛將在生活中散佈。

學會放下，才能活在當下

人的心往往比腿還累，
是因為不懂得放下多餘的行李。
提著這些過重的情緒旅行，
只會造成旅途的負擔。

學會放下，才能活在當下

人的心往往比腿還累，是因為不懂得放下多餘的行李。提著這些過重的情緒旅行，只會造成旅途的負擔。

每個人都有過這樣的經驗，不管提多輕、多重的東西，只要時間一久，一定會覺得手臂酸痛，恨不得下一秒就能將手中的東西放下。

實質的東西有重量的限制，會讓你立即感到疲憊、體能無法負荷，基於自我保護的本能，身體會提醒你趕快停止並且休息。

但是，那些都是外在的重量，至於內在的重量又是什麼？人的心靈所能負擔的又有多少呢？

有一個人脾氣不好，常常與人發生衝突。他認爲自己會這樣是天生的，無法控制，所以前往一間寺院，希望師父能幫助他改掉壞毛病。

師父聽完他的請求後笑著告訴他：「你生下來就有這種脾氣，眞是有趣啊！那你把『脾氣暴躁』這種東西帶來了嗎？拿出來給我瞧瞧，我看看有沒有辦法可以幫你醫治。」

那個人回答：「我沒帶它來。通常要在事情發生時，它才會跑出來。」

師父說：「你沒有把它帶來？可見『脾氣暴躁』不是生來就有的，要遇到事情你才會發作出來。那不就表示這是你自己可以控制的，若你不想讓它發生，那麼脾氣暴躁這個東西就不會出現，這樣還有脾氣暴躁這種東西嗎？你不控制自己，卻將脾氣暴躁推說是父母生給你的，這樣豈不是陷父母於不義？眞是太不孝了。」

聽完了師父的回答，那個人摸摸頭不好意思的回家。

一位年輕的比丘在道光大師的門下許久了，但總是悶悶不樂，認爲佛門生活和俗世差不多，並不會因此讓人了卻心中之苦，淡然處之。他覺得自己的內心徬徨無助，找尋不到生活的意義，同時因爲個性多愁，和同門處得不太融洽，心情更加鬱悶了。

有一天，道光大師要這位年輕比丘前來，坐在自己跟前，卻一句話也沒對他說。就這樣過了許久，比丘心裡感到很疑惑，又不敢開口詢問大師的用意，開始有點坐立不安。

突然，一隻蚱蜢跳上比丘的衣服，他跳了起來，憤而抓住蚱蜢。道光大師開口問他：「你打算把這隻蚱蜢放到哪裡？」

年輕的比丘回答：「放到瓶子裡。」

道光大師輕輕嘆了一口氣，意有所指的告訴年輕的比丘：「其實，你大可把牠放掉的。」

那一瞬間，比丘頓悟了，了解了世事的不如意，不如己願，都是自己造成的，只要肯放下就能解脫。原來，師父是用瓶中的蚱蜢來比喻自己。

讓我們來做個小實驗，舉起你的雙手，這是人體很自然的動作。舉個一分鐘還算簡單，如果十分鐘、二十分鐘、半小時過去，久了一定會受不了。然而，雙手負擔的僅僅是自己的重量，若將人的七情六慾換算成實質的東西，這重量必定不容小覷，若再將這些重量壓在我們的心上，一年、兩年，甚至一輩子，肯定會造成很大的傷害。不僅是心靈，連身體健康也會受影響，久了甚至牽連到身邊的人。

各式各樣的文明病充斥於社會中，憂鬱症、躁鬱症等患者若不接受藥物控制，可能會做出自殘或傷害他人的舉動。很多的調查顯示，這些疾病最初是來自於心病，經過長期的壓抑累積成疾。

人的心往往比腿還累，是因爲不懂得放下多餘的行李。提著這些過重的情緒旅行，只會造成旅途的負擔。壞脾氣、鬱悶都是自己造成的，一個念頭的轉換，就可以放下這些無形的重量，這是我們所能選擇的。

用微笑面對，才會擁有更多機會

我們不斷地被灌輸要有一顆寬容的心，被告誡心胸要寬大點，卻忽略了，寬容的背後是需要智慧輔佐的。

生命中的失敗、挫折，人際間的摩擦、齟齬，都只是一時，如果你選擇帶著微笑面對，就能替自己創造更多轉圜空間。

學會寬容，不僅僅是單純的退讓。

如果只有一味的忍耐，心中並無寬容後所帶來的舒暢感，那只是一種短暫的壓抑。

這樣的方式，只會辜負了寬容的美意，更造成自己的困擾。

寬容，是需要用智慧學習的。

艾琳住在一個人口密度高的社區，當地停車問題極爲嚴重，幾乎家家有車，卻沒有足夠的停車位，住戶爲了車位問題，彼此之間常鬧得不愉快。

因爲艾琳有棟雙門戶的家，並沒有停車上的問題，但也因爲這樣，時常有人將車子停放在她家前，有時會造成出入不便。

艾琳總是帶著笑臉，客氣的請車主將車子移開。當艾琳出入上不受困擾時，她也不介意人們將車子停放在住家門口。

有位鄰居觀察了很久後，終於忍不住問道：「每個人都不希望自己家門前停放別人的車子，爲什麼妳都不會生氣呢？」

艾琳微笑的回答：「因爲我不須爲了停車位而煩惱，甚至有多餘的空間讓人停車，讓我感到很富足。」

從此之後，只要有人要停車在艾琳家前，都會先跟她打聲招呼，並且在離開的時候順道將地上垃圾帶走。

同樣的故事也發生在美國的一個小市場裡。

有一位中國婦人在市場中賣菜，由於她的蔬菜是自己栽種的，不灑農藥，加上是當天採收，特別的新鮮，因此生意非常好，常常供不應求。

周遭的攤販總是帶著羨慕的眼光，看著她攤位前絡繹不絕的客人而心生嫉妒，並有意無意的將垃圾掃到她的位子上。

婦人總是笑笑，什麼也沒說的將垃圾集中在自己攤子旁的角落，在收攤時將垃圾打包處理好。

一位巴西婦人從旁觀察了好幾天，終於藏不住好奇心，問中國婦人：「大家都故意把垃圾丟到妳的攤位上，難道妳都不在意嗎？」

中國婦人笑著說：「在我的家鄉有一個習俗，就是在過年的時候把垃圾往自家門前掃。垃圾越多，就代表新的一年會賺得更多。現在大家都把錢往我這兒堆，我怎麼能不開心接受呢？妳看，我的生意不是越來越好了嗎？」

從此以後，垃圾就不再出現了。

從小到大，不論是生活或課堂上，我們不斷被灌輸要有一顆寬容的心。當我們心裡不平衡時，只會被告誡心胸要寬大點，卻沒人教導我們，怎樣才是眞正的寬容。大家都忽略了，寬容的背後是需要智慧輔佐的。

故事中的艾琳與中國婦人的確在生活上受到了困擾，但是由於她們心態的轉換，認爲能讓人佔便宜，是因爲自己有這個福分，因此以寬厚的心來看待，更因而解決了問題。

人的耐心是有限度的，若只是以退一步來解決每件事，並不會擁有眞正的快樂。別人感受不到你寬容的美意，只會覺得你是憤而不言罷了。

這樣不但事情解決不了，也會讓自己活在不滿中。

吃虧就是佔便宜、施比受有福、退一步海闊天空……這些古人的智慧的確有它們的價値，如何運用、理解，不是單單從字面就可以體會的。

讓自己的付出發自內心

為他人著想不代表完全的犧牲與奉獻，它的拿捏需要智慧指引。只要是真心，不管多麼小的舉手之勞，都會讓人深受感動。

在文明的社會裡，人必須在適當的時刻表現出自己的高尚德行。

然而，這些所謂世俗的禮儀、體諒與寬容……等等，通常都只是在自己的價值標準中行使。

我們常在心裡預設著：「我只要做到這一點就很了不起啦！」是不是發自內心爲對方著想並不重要，僅是爲了背後沾沾自喜的自我滿足感。

這樣的美意，只會流於表面，而無法深達內心。

一位初出茅廬的畫家住在西班牙的馬約爾加島。有一年，他的母親前去探望他，待了數天後，在某日一早即將搭機離去。

他們費了九牛二虎之力，將兩箱笨重的行李，從一棟擁有兩百年歷史、沒有電梯的老公寓搬了下來。

當他們將行李拖到路邊時，早已氣喘吁吁、汗流浹背。

因爲居住的地方是個小鄉鎮，沒有公車，連計程車招呼站都沒有，想要到機場得碰運氣，看看有沒有剛好經過的計程車可以搭。因此，畫家怡然自得的坐在路邊等待著。

等了快半小時，一輛計程車從對向車道駛了過來。畫家一看到，很開心的站了起來，當他準備招呼計程車時，看見車內已經坐了一個人，於是又將舉起的手放了下去。

計程車往前開了一百公尺後突然停了下來，車上的乘客下車了。畫家開心的告訴母親：「我們眞幸運，那位乘客要在這兒下車。」

一位拄著枴杖，西裝筆挺，看起來頗有修養的老先生從車上走了下來。隨即計程車調過頭，開到了畫家前面。

畫家高興的將行李塞進了後座，打開車門坐了進去。畫家對司機說：「去機場，謝謝你。我們今天可眞幸運，不是嗎？」

司機不以爲然的開口：「要謝就謝剛剛那位老先生好了。他本來要去更遠的地方，但是他看到你們後就說：『我在這裡下車就行了。他們一早拿了那麼多行李站在路邊，一定是要去機場。既然要去機場就會有時間上的限制。我不趕時間，就在這裡下車等另一輛計程車好了。』」

畫家聽完非常吃驚，就請司機回過頭去找那位老先生。當車子開到他的身旁時，畫家打開車窗大聲對那位老先生道謝。老先生舉起手碰了碰帽子，微笑著說：「祝你們旅途愉快。」

俄國文豪高爾基曾經寫道：「真誠的關心，讓人心裡那股高興勁兒就跟清晨的小鳥迎著春天的朝陽一樣。」

出自眞心的幫助，不僅能藉善意的動作潤滑自己的人際關係，也會讓自己的心靈世界豐富起來。

雖然那位老先生並不趕時間，可是他的精神還是値得學習的。因爲，許多人只會在不違反自身利益的最小限度中體諒他人，那不能算是完全的體諒，而是順手給別人一個方便而已。

爲他人著想不代表完全的犧牲與奉獻，它的拿捏需要智慧指引。重要的是，當你付出的同時，是出於怎樣的心態；只要是眞心，不管多麼小的舉手之勞，都會讓人深受感動。

要求別人前，先要求自己

自私的人只會要求別人為自己而做，卻沒有想過能為別人做什麼。過度保護自己的後果，是只能活在不滿與埋怨的日子裡。

詩人雪萊說過：「假如你過分地珍愛自己的羽毛，不使它受一點損傷，那麼你將失去兩隻翅膀，永遠不能凌空飛翔。」

只會要求別人卻不懂得自我反省的人，最初的出發點就是過度愛惜自己，希望別人達到自己所要的，說白一點就是便利自己。

這樣的人用高標準要求別人，說得義正詞嚴，甚至擺出一副教導者的姿態，要別人虛心接受。如果仔細衡量這些要求，你會發現看似合理的東西，往往只爲了個人的利益。

「我這樣做是爲你好！」在生活中你是否也常常聽到這一句話呢？

吉米是個條件不錯的單身漢，高學歷，且擁有一份令人羨慕的職業。年近四十的他，最大的心願就是擁有自己的家庭、溫柔老婆和可愛的孩子。

他也曾談過數次戀愛，有幾次都已論及婚嫁，但最後都因吉米對女友某些地方不滿而作罷。

兩年前，吉米遇到了夢寐以求的女孩，她端莊、美麗、大方，又善解人意。談了一場轟轟烈烈的戀愛後，他們決定共渡一生，但有一天晚上，他們談論婚姻生活時，女友談到了一些自己的看法，讓吉米感到有些不安。

爲了確定自己是否找到心中理想的對象，吉米在結婚前夕寫了一份長達四頁的婚前協議書，要女友看過簽名同意後才願意結婚。這份文件乾淨整齊，用金線框邊，慎重交到女友手上。

文件的內容寫滿所有吉米想到的婚後生活細節，包括上教堂的次數及奉獻金多寡、政黨傾向、老婆的職業和工作地點、開支如何分擔、與朋友來往的時間分配、將來要生幾個小孩和什麼時間生、誰負責照顧小孩等等，都有條不紊的列了出來。在文件的最後還附註了幾點老婆必須養成的習慣，例如不抽煙、不喝酒、減少娛樂、適當打扮……等等。

準未婚妻看完這封文件後，氣得說不出話來。她不但沒簽名，還將文件退給吉米，並且附上一張紙條寫著：「一般的婚約上有著『有福同享，有難同當』這一條，這對任何人都適用，當然也適用於我，卻不適合你。因爲你只有一顆自私的心，眼中只有自己。我們到此爲止，這個婚約取消了。」

當吉米收到回覆時，還委屈又不解的說：「我只不過是寫了一份同意書，這有錯嗎？結婚本來就是一件大事，當然要慎重好好的考慮啊！」

吉米至今還沒找到自己理想的對象。

想要讓生活圓融，就要學會寬容的智慧，用寬容的心情面對惱人的事情，不

能只活在自己的世界，一味以自己的眼光看待別人，一味以自己的主觀意識做爲行事標準。

遺憾的是，先人智慧中的嚴以律己、寬以待人，在現今的社會早已鮮少出現，取代而之的是「我想要、我希望……」，一切出發點都在「我」。當事情不如「我」意之時，就渾身不對勁，因此，爲自己找了一堆理由後，名正言順的將這些不如意怪罪於他人。

自私的人只會要求別人爲自己而做，卻沒有想過能爲別人做什麼，久而久之只會鬧得雙方不愉快，也達不到目的。

如果出發點只是害怕自己的權利受損，不是爲了大局著想，別人不會感受到你口中的好意指點，只剩下自私看法。過度保護自己的後果，是只能活在不滿與埋怨的日子裡，到頭來吃虧的還是自己。

懂得包容，才會相互尊重

夫妻是人際關係中最親密的一環，但是要毀掉它卻很容易。來自不同家庭環境的兩個人要相處在一起，要互相包容和體諒才行。

有人說婚姻是愛情的墳墓。既然如此，為何還要結婚呢？因為，結婚是兩個相愛的人決定共度一生的社會儀式。為了相同的理想和目標共組的家庭。

簡單的說，就是兩個人一起過日子。

可是在婚姻生活裡，夫妻多少會對另一半抱持著某種「寄望」，希望能從中獲得某種利益。萬一實際狀況不如想像，就很容易發生爭執，很多的怨言因此產生。最常聽見的不外乎：「為什麼你結婚前都不會這樣，現在卻如此。我眞是看錯人了……」

是眞的識人不明，還是婚姻會改變一個人？或者有其他原因呢？

英國玄想派詩人鄧約翰的〈跳蚤〉一詩中，浪漫的將跳蚤聯想成能將兩人的血液融爲一體的橋樑，就像愛神邱比特的箭將兩顆心射在一起。

戀愛中的男女在公園漫步時，就算被蚊子咬得處處紅腫，癢得受不了，還是不以爲然。因爲蚊子咬了你，也咬了我，兩人的血液就浪漫的在蚊子體內結合了。有時眞的被咬到受不了時，男人還會安慰對方：「別擔心，蚊子會先咬我，等牠吸夠了血就不會去咬妳了。」

結婚後，當太太再抱怨被蚊子吵得受不了時，先生只會睡眼惺忪不耐煩的說著：「怕吵就掛蚊帳啊！」跟結婚前判若兩人，不再細心呵護。

可是到了老夫老妻時，先生又再度細心的掛起蚊帳。一聽到蚊子細微的嗡嗡聲，就會馬上起身戴起老花眼鏡尋找蚊子的蹤跡。

一位高中老師邀請學生來家中用餐，學生嚐了一口師母做的紅燒獅子頭時，感覺那個鹹度簡直像吞了海水中所有的鹽分一樣。但是礙於禮貌，還是勉強配了兩碗白飯，才將那塊紅燒獅子頭吞了下去。

這時，只見老師一個接一個讚不絕口的吃著，直說著：「眞是太好吃了！眞是人間美味啊！」

等到用餐完畢，師母到廚房收拾善後，老師才偷偷倒了一杯白開水給學生，對他說：「對不起啊！你一定吃不習慣，你師母做的菜就是那麼鹹。」

學生心裡疑惑：「既然那麼難吃，爲何老師還一邊吃一邊讚美呢？」

像是看穿了學生的心思般，老師再度開口：「你一定很好奇爲什麼我吃個精光，還一直讚美對吧？」沒等學生回答，老師說了一句話：「因爲，這是我老婆做的。」

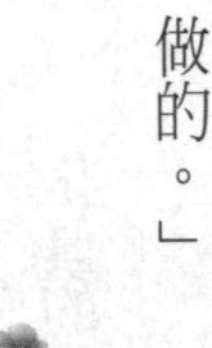

婚姻這條路是崎嶇難行的，需要負的責任也更多，往往必須比戀愛時多一點的寬容，才有辦法維持下去。

夫妻是人際關係中最親密的一環，但是要毀掉它卻很容易。「因爲是夫妻」，就很容易產生理所當然的想法，對方應該要無條件體會、諒解自己。我們可能會注意到朋友的感覺，卻忽略對另一半的尊重。

婚姻是需要經營的，從對方的錯誤中找到自己的責任，才是相愛的最好方法。來自不同家庭環境的兩個人要相處在一起，彼此都要有點「犧牲精神」，互相包容和體諒才行。

有時候，不一定是對方變了，而是你沒有察覺到他的溫柔。

改變心態，就不會繼續受傷害

許多人被仇恨困擾著，這種折磨是日以繼夜，永不停歇的。或許我們無法改變傷害自己的人，但是我們能選擇不傷害自己。

社會案件中，很多加害者最開始曾經是受害者。他們的遭遇讓人聽了不免心酸，但是他們選擇的解決方式，卻讓人感嘆而唏噓不已。

他們雖然報復了傷害自己的人，但最終還是得接受法律的制裁，讓自己的後半生背負著罪名，人生也等於結束了。

眞正聰明的人懂得適時放下痛苦，用寬容的心情看待過往的事情，不會懷抱著仇恨的心態，讓自己繼續受到負面情緒的傷害。

在一座荒涼的山上，傳言著每到晚上就會出現一個女鬼，把路過的旅人害死，沒有一個人能在夜晚活著走出那座山。

這天，從遙遠的地方來了一個雕刻師父，受了山另一邊的小鄉村之邀，特地前去爲他們新蓋好的廟宇雕刻神像。當他趕路到了山腳下時，天色已晚，附近的居民一聽他要到山的另一頭，紛紛勸他等天亮再出發，並告訴他女鬼的傳聞。

雕刻師父聽了雖然心裡毛毛的，但是爲了如期赴約，謝絕了村民留他過夜的好意，仍然往山裡走去。

一路上涼風陣陣，時而傳來野獸的叫聲，月亮被烏雲遮住了顏色。雕刻師父不敢停止腳步，在伸手不見五指的路上靠著一盞小小的煤油燈不停地走著。

突然，一陣撲打聲迎面而來，雕刻師父嚇得掉落了煤油燈，原來只是一隻飛鳥。正當他要撿起油燈時，突然傳來一聲輕輕的嘆息。雕刻師父想起村人的話，全身毛骨悚然，但仍提起勇氣將燈往聲音的來源一照，原來是一個身穿白衣的年輕少婦。

少婦告訴他，自己是因爲趕路要到山下村莊，不小心在山上跌傷了腳，求助無門，天色又暗了，不得不留在此地等天亮。

雕刻師父聽完立即表示，留在這裡太危險了，要背少婦到安全一點的地方，等天色亮一點再結伴同行，彼此也有個照應。於是，她背著少婦走了一大段路，終於找到一個可以棲身的地方，就停下來生火休息。

這時雲散了，月亮也探出頭來。雕刻師父在附近撿到一塊材質不錯的木頭，藉著月光，看著少婦，就刻了起來。

少婦好奇的問他在做什麼，雕刻師父回答說：「我覺得妳跟救苦救難慈悲爲懷的菩薩很像，想刻個菩薩像。」

少婦一聽，立即淚如雨下，原來，她就是傳聞中的女鬼。

她原是一個喪夫的寡婦，要到山的一頭投靠親戚時，路上遇到了強盜，受辱後被殺掉。因爲心懷怨恨，她的魂魄一直徘徊在這座山裡，最後化身爲厲鬼，在夜晚出來殺人。沒想到雕刻師父卻說她有著菩薩的面容，因爲如此，她放下了心中的怨恨，雕刻師父也平安離開了那座山。

少婦的遭遇令人同情，她的作爲卻傷害了無辜的人，自己也因怨念無法離開受害地點，最後成了加害人。這樣的她，反而沒有自痛苦中解脫，而必須一再的回憶自己的傷痛。

這個故事其實反應著現實的人生。許多人被仇恨困擾著，平時被別人欺負，私底下還要因爲怨恨纏繞而沒有心靈舒坦的時候。這種折磨是日以繼夜，永不停歇的。

仔細想想，或許我們無法改變傷害自己的人，但是我們絕對可以選擇不要再一次傷害自己。

每個人的心中都有一個菩薩，就像故事中的雕刻師父喚起了少婦心中的良善，保住了自己的生命，也幫助少婦脫離苦海，只要我們能保有心中的菩薩，就有辦法面對難以克服的怨恨。

別用成見替別人貼標籤

這個世界上，沒有什麼錯誤是不可原諒，不能回頭的。最可悲的是，善念的幼苗初長之時，人們卻將它踐踏、摧殘。

眞正讓奇蹟消失的，是一顆冰冷的心。

是否曾經發現，當你用嚴厲的語言責怪他人不知好歹、不求上進，是個沒用的廢物時，自己卻成爲推他往火坑裡跳的加害者。

一個人在誤入歧途後，能再走回正途，是難能可貴的。可是爲什麼現代社會犯罪者的「回籠率」那麼高呢？我們相信其中部分的人是眞的有改過向善的心，但是最後爲何重蹈覆轍？

那是因爲人們已爲他們貼上標籤、做了記號，不肯給他們重生的機會，即使他們早已為自己的行為付出代價。在無法生存的環境下，心寒了、也死了，只能再走回頭路。

凌晨時分，天色還是一片昏暗之時，深山的一座寺院前跪著一個身影。清晨露珠一滴滴的浸濕了衣裳，他仍不為所動。

原來他是某大戶人家的公子，二十年前被家人送到寺裡當小沙彌。他的天資聰穎，悟性極高，深受老方丈的喜愛。方丈將畢生所學，一點一滴毫不藏私的傳授給他，希望他能繼承衣缽，成為最出色的佛門弟子。

日子一天天的過去，小沙彌慢慢的長大。方丈看著日有所成的他，心裡備感欣慰。誰知小沙彌三十歲那年動了凡念，從此無心於佛法，方丈心裡很著急，卻不知道該怎麼辦。

直到一天夜裡，小沙彌再也忍不住了，趁著方丈熟睡之際，伴著月光離開了寺院。

來到山下後，都市的五光十色呈現在他眼前。從此他流連花街柳巷，成了風流的浪子，放浪形骸的行徑，讓人搖頭不已。

就這樣夜夜笙歌過了好幾年，有一天夜裡，他突然驚醒，看著桌上杯盤狼藉，感到一陣空虛。他穿起外衣走到窗前，清澈的月光照在他身上，他不禁想起離開寺院的那個夜晚。當他轉頭見到鏡中的人影時，覺得對自己很陌生。他將酒瓶砸向牆腳，抱頭痛哭了起來。

他忽然深感懺悔，立即衝出門外，快馬加鞭往寺院奔去。

「師父，請您原諒我的過錯，再一次收我做弟子好嗎？」他跪在寺前，不停的懇求著。

方丈看著當年的小沙彌如今卻成為一個浪蕩之人，厭惡感油然而生，不住搖著頭。

浪子見方丈不為所動，準備再一次開口時，方丈揮了揮手制止他，並說：「你的罪孽深重，落入阿鼻地獄，佛祖也救不了你。除非——連桌子也會開花，佛祖才會原諒你。」

方丈隨手指向供桌，浪子聽完，失望的離開了。

第二天早晨，方丈踏入佛堂準備做早課時，眼前出現讓他難以置信的景象，佛桌上開滿了一簇又一簇鮮艷的花朵，紅色、白色，隨著風搖曳著，整個佛堂充滿香氣。方丈頓時大徹大悟，連忙下山尋找浪子，但是已經來不及了，浪子早已不知去向。佛桌上的花朵，也只開放了短短的一天。

同樣的傷害，不時發生在生活中，只是我們不曾發現。例如，父母教育孩子時，常會有一種「我為你付出了那麼多，你卻不爭氣的想法」，卻沒有看到孩子盡力的一面。長期的苛責下來，不僅親子關係陷入低潮，也罵走孩子的自信。

這個世界上，沒有什麼錯誤是不可原諒，不能回頭的。最可悲的是，善念的幼苗初長之時，人們卻將它踐踏、摧殘，然後說著：「你看，我早就知道他不是一個好東西。」

別讓佛桌上開出的花朵因為自己冰冷的心，而成了曇花一現。

多一點寬容就多一點幸福

愛惜自己的生命，珍惜身邊的人。幸福沒有鑰匙，只有梯子，當你找到爬上去的方法，你就能擁有它。

幸福沒有標準，全出於自己的心態，這正是所謂：「一個人的天堂，往往是另一個人的地獄。」

有些人窮其一生尋尋覓覓，就爲了追求自己的幸福，從外在的金錢到內在的情感追求，看似圓滿了，卻還是缺少想要的幸福。

這是爲什麼？

找到幸福眞的那麼難嗎？

對一個辛苦工作勞累一天的人而言，能洗個舒舒服服的澡，就是一種幸福。

一位母親忙進忙出準備晚餐，一想到全家人能有頓營養的晚餐可吃，也會感到幸福。

對你而言，到底怎樣才是幸福呢？

一位年輕的少婦，某次回娘家時，不斷跟母親抱怨著自己的丈夫，數落他沒有好一點的工作、賺的錢也不多、人又沒情調，每天過著毫無變化的生活，實在無趣極了。

母親笑著問她：「你們相處的時間多嗎？」

女兒無奈的回答：「多到我看見他就煩。」

母親沉默了許久，最後幽幽地開口說：「當年你父親上戰場時，我日夜盼望的就是他踏進家門那一刻。我多麼希望他能早日凱旋歸來，跟他共度下半輩子。可是，在一場戰爭後，我就再也沒有他的消息了。我多麼希望他能陪伴在我身邊。」

母親的眼淚一滴滴的落下，女兒若有所思的靜默著。

一個坐在屋前的小男孩手裡拿著糖果罐搖啊搖的，只聽到叮叮咚咚清脆的撞擊聲。路人問他爲什麼不拿出來吃時，他說：「裡面只剩下一顆糖果，我不想把它吃掉。當我搖著罐子時，聽到了糖果的聲音就很開心。因爲我知道我還有一顆糖果。」

一位失聰的少女在畫展上看到了一幅又一幅美麗的山水畫，神情專注且細細的品味著。

突然，她高興的轉過身對朋友說：「我聽到了！我聽到了！我聽到了小河潺潺的水流聲、鳥兒在山林間歌唱，還有風兒從樹梢經過時對大樹說的悄悄話……」

在一位老媽媽結婚五十週年紀念那天，現場的來賓問起她保持婚姻幸福的秘訣時，她回答說：「從我結婚那天起，我就列出了丈夫的十條缺點。我時常提醒自己，爲了我們婚姻的幸福，只要他犯下的錯是這十條中的任何一條時，我都願意原諒他。」

當人們好奇那十條缺點到底是什麼時，她回答：「老實告訴你們，這五十年來我從來沒有具體列出這十條缺點。每當我被他氣到跳腳，我都告訴自己，算他好運，他犯的是我可以原諒的十條錯誤中的一個。」

看到喜憨兒努力克服生理上的障礙，辛勤工作的身影，我們常常脫口而出的就是：「好可憐喔！」或許在生活上他們有許多不便之處，但是在心靈上，他們擁有的幸福是你所無法想像的。因爲他們只有一個單純的想法：我還能工作，不是社會的負擔。

在這麼多例子裡，我們可以了解，幸福的途徑不僅來自於得到，連付出也可以是一種幸福。婚姻上，必定有許多爭執與不滿之處，只要能給彼此多一點寬容，就能得到幸福。生命路途中，不是每一個人都能走得如此順遂，轉換心態，在惡劣的環境中也能坦然面對。

愛惜自己的生命，珍惜身邊的人。幸福沒有鑰匙，只有梯子，當你找到爬上去的方法，你就能擁有它。

讓陽光照進你的心窗

孩子可以毫無保留的付出，
他們的愛可以包容一切。
身為成人的我們反而應該向孩子學習
寬容地對待周遭的人事物。

既然是秘密，就要藏在心裡

「秘密」最大的機能就是「保護」，對自己也對他人。別逞一時的口舌之快，讓一個該入土的秘密成為另一個傷害。

在談論別人的秘密時，我們會有一種莫名的快感，但是當自己不為人知的秘密被廣泛宣傳時，卻會氣得跳腳，連呼吸中都感覺到怒氣。可是，無論如何，秘密還是受到大家的歡迎。

在言論自由氾濫的社會，打開電視，甚至隔著一張報紙，就能盡情窺探別人的私密，飯後茶餘之際津津樂道著。

說著別人的秘密，是否就代表話題不會繞到自己身上，是自我保護的一種方法呢？如果是的話，是否也意味著，任何「秘密」具有一定程度的殺傷力？

一對夫婦到某處風景名勝旅遊，妻子對丈夫說：「這個地方我來過，而且留下很深的印象。」丈夫點著頭說：「我也是。」

當他們走累了，坐在樹下休息時，聊起了對此地的回憶。

「我小的時候非常頑皮。七、八歲時，父母帶我到這裡遊玩。在山裡我看到了一隻像火花一樣漂亮的黃鸝在林中飛翔，我忍不住拿出彈弓往鳥兒一射，雖然打中了，可是牠仍掙扎的往山坡下飛去。」

丈夫說完後，妻子若有所思的問清當時的詳細時間、地點。

幾個月後，妻子的舅舅前來拜訪，順便在當地走走。妻子告訴丈夫：「別讓舅舅累著了，他的一條腿是假的，而且一隻眼睛看不見。」

丈夫和舅舅聊天時，問起他是如何受傷的，舅舅不在意的揮個手：「只是個小事，不值得一提……」

夜晚夫妻倆獨處時，妻子對丈夫說：「因爲舅舅的殘疾，讓他無法很順利工作。謝謝你不計較我每個月都寄些錢給他。」

丈夫握著妻子的手，微笑的說：「我相信妳這麼做，一定有自己的道理，妳不用擔心這個。」

幾日過後，舅舅臨走前，妻子對他說：「舅舅，若你知道當年害你受傷的人是誰，你會怎麼做呢？」

原來，那時舅舅爲了救一隻被彈弓打傷的小鳥，不小心跌入山谷，還好被樹枝卡住才保住一命，只是腿斷了，眼睛也被樹枝戳瞎，而打傷那隻鳥的人就是自己的丈夫。

舅舅聽完笑了笑說著：「那個孩子那麼聰明，小時候一定很淘氣……」

妻子告訴舅舅，想告訴丈夫這件事。舅舅馬上臉色一變，嚴肅的告訴外甥女：「答應舅舅，無論如何都不能將這件事說出去。過去的事情都已過去，也無法再改變了，何必讓他心裡有愧疚感呢？」

這時候，快遞送來一盒物品，裡面裝的是一個義肢。舅舅一看就知道這個價值不菲，不禁嘆了一口氣說：「我就知道這個孩子很有心，那時一直在觀察我的腿，就是爲了……」

舅舅坐上車前再次叮嚀了自己的外甥女：「記住，有些秘密永遠都不必說出口。」

妻子點點頭答應了。

「秘密」之所以稱爲「秘密」，用一層又一層複雜的方式包裝起來，無疑是爲了避免被一眼識破。

但是，「秘密」卻又如此沉重，讓人背上了就想分攤出去。

並非每個秘密都能無關緊要的一笑置之，或是隨著時間而煙消雲散。一個狀似輕鬆的事實，都有可能帶來一輩子都抹不去的傷痕，尤其當事實已經無法改變時，多一個人知道，只會徒增困擾與負擔。

「秘密」最大的機能就是「保護」，對自己也對他人。因此，別逞一時的口舌之快，讓一個該入土的秘密成爲另一個傷害。

別讓金錢蒙蔽自己的心眼

用寬闊的眼光看待金錢，行事就會更加圓融，不致於動輒為了金錢和別人產生齟齬和衝突。

財富不屬於擁有它的人，只屬於會使用、享受它的人。

儘管錢財可以買到所有物質方面的東西，卻買不到內心的平和、安靜與快樂。有些人每天爲了多賺一點錢，心情隨著股市的漲跌而起伏；或者前人留下大筆遺產，之後就活在手足爭奪財產的日子中；再不然就是，不用爲了錢財而擔心，但是心靈卻感到孤獨。

諷刺的是，這些人卻是很多人羨慕的對象，因爲大家相信，有錢能使鬼推磨，可以大搖大擺走在路上，可以舒舒服服過生活。

有一個非常富有的人，生活過得非常舒適，什麼都不缺，可是卻不快樂。他花了一大筆錢買了很多特別的東西，過沒多久就感到厭煩。他舉辦了一場又一場的舞會，邀請許多人來共襄盛舉，但曲終人散時，反而更孤獨。他到處去旅行，還是沒有找到快樂。

有一天，他開著名貴跑車，漫無目的到處閒晃。開過大街小巷，走過五光十色的街道，找不到一個想要休息的地方。就這樣不知不覺中往郊區駛去，經過幾片綠油油的田野後，他看到一間小小的教堂莊嚴的肅立著。

他停下車，走進了教堂，愁眉苦臉望著十字架上的耶穌。

這時，一位牧師走了過來，富有的人就問他：「該怎樣才能找到快樂呢？雖然我很有錢，什麼東西都買得到，可是我根本不知道該怎樣去用這些錢，它不能帶給我幸福和快樂。」

牧師聽完他的話，微笑著領他走到窗邊，問他：「你看到了什麼？」

富有的人說：「我看到綠色的山林、飛翔的鳥兒，感覺很舒服。」

牧師接著帶他走到鏡子前，再問他看到了什麼。富有的人望著鏡子，皺著眉說：「我看到了憂愁的自己。」

牧師語重心長對他說：「窗戶和鏡子都是玻璃做的，不同之處在於，鏡子上鍍了一層水銀，而玻璃沒有。單純的玻璃讓你看到這個美麗的世界，沒有什麼遮住你的視線。而鍍上水銀的玻璃只能讓你看到了自己。水銀就像金錢，是金錢覆蓋了你的雙眼，蒙住你的心靈。你雖然守著許多財富，卻也守著封閉的自己，看不到這個世界。」

富有的人聽完後，頓時心情開朗，感受到前所未有的舒暢。從此之後，他不再到處尋找快樂，轉而將所有的心力用來幫助窮困的人，不僅得到了人們感激的祝福，也得到心靈的快樂。

年輕的時候，我們總覺得只要有錢，一切都無須煩惱，因此在金錢掛帥的社

會裡付出青春，就爲了賺更多的錢。

等到歲月流逝，走過滄桑、看盡人生，我們才懂得有錢不等於快樂，快樂的人不一定有錢，甚至兩者之間毫無從屬關係。

什麼東西是錢財買不到的？親情、健康、快樂、知識、青春、生命、和平、幸福，家庭……多到無法一一列舉。那麼，金錢眞的是萬能的嗎？

的確，錢財是基本的生存工具，少了它萬萬不能，但是擁有它，就要學會善加利用。你擁有金錢，並不是拿錢來裝飾自己，而是用它成爲心靈的糧食。多學、多看，最重要的是，不要被它奴役，要當金錢的主人。

用寬闊的眼光看待金錢，行事就會更加圓融，不致於動輒爲了金錢和別人產生齟齬和衝突。錢財多或少都沒關係，只要夠用就好，在能力範圍內，也不忘記幫助需要的人。

讓陽光照進你的心窗

孩子可以毫無保留的付出，他們的愛可以包容一切。身為成人的我們反而應該向孩子學習寬容地對待周遭的人事物。

你是否曾感覺到，幼小的生命總教人特別憐惜？

就像剛出生的小嬰兒，看起來是那麼單純，那麼需要保護，當他們伸出小手臂，嘴裡發出嗚哇的聲音時，總會讓人忍不住想抱起他們。他們的雙眼似乎在說著：「愛我吧！我需要你的照顧。」

隨著年齡增長，我們漸漸學會僞裝自己，製造一個自給自足、不需要他人照顧、不是弱者的假象，而內心卻呼喊著：「我好寂寞，好害怕！我想找個可以傾聽我說話的人，我需要人來愛我。」

自從愛莎的爺爺過世後，奶奶就像換了一個人，不僅失去了笑容，還整天穿著黑衣服，不發一語的將自己關在陰暗的房間裡。有時候，愛莎跑到奶奶的房間嬉戲，奶奶還會不高興的瞪著她，就像受到打擾似的。厚重的窗簾遮蔽陽光，整個房間瀰漫著一股怪味。

日子一天天的過去，奶奶也悶病了，脾氣變得更加古怪。

有一天，爸爸要愛莎把一盆花送到奶奶房裡。愛莎有點擔心的問：「奶奶會喜歡花嗎？」

爸爸告訴愛莎：「陽光進不去奶奶的房間，但是這花上面有陽光。只要有陽光，奶奶病就會好了。」

愛莎把花抱到奶奶的房間，奶奶一看到花，聞了聞香氣，便露出了笑容。愛莎一看好開心，心想著，奶奶真的需要陽光。於是，她跑到院子裡搬了更多盆栽，裡裡外外跑來跑去，把小花小草放進奶奶的房間。

院子裡能搬的花草都搬完了，愛莎還是覺得不夠，當她環顧四周時，發現一抹陽光照在她的裙子上。

愛莎靈機一動，心想如果可以把陽光直接送進奶奶的房間不是更好嗎？她跑到陽光下，攤開自己的裙子照了好久好久，接著用雙手緊緊把裙子裹了起來，往奶奶的房間跑去。

一進房門，愛莎就開心叫著：「奶奶！奶奶！我把陽光送進來給妳了。」

愛莎小心翼翼的攤開裙子，想讓奶奶看上面的陽光。但裙子攤開時，上面一點光也沒有，愛莎忍不住哭了出來。

奶奶伸出虛弱的雙手抱著愛莎，慈祥的告訴她：「傻孩子！陽光已經從妳的雙眼透出來了。」她摸摸愛莎的臉，幫她擦掉眼淚。「陽光在妳金黃色的頭髮裡閃耀著。有妳在我身邊陪著我，我就不需要陽光了。」

雖然愛莎不懂自己的眼睛和頭髮裡爲什麼會有陽光，但是她很希望奶奶能趕快好起來，所以，她天天都站在太陽下曬得暖烘烘，再跑到奶奶房裡陪她，奶奶的身體也開始日漸好轉。

孩子有時候是一面自我省思的鏡子，我們可以從鏡中看到自己刻薄的嘴臉，進而體會到寬容的重要性。

孩子比成年人更懂得歡笑，他們的快樂是自然的，他們的包容心非常的大，對任何事都沒有成見。

孩子不會計較你是貧窮還是富有，不介意你是白人、黑人，還是黃種人。他們接納一切，直到大人教他們停止接納爲止。

孩子可以毫無保留的付出，他們的愛可以包容一切。身爲成人的我們反而應該向孩子學習「包容」，學習「關懷」，學習正視自己的情感渴望，學習寬容地對待周遭的人事物。

何必為了面子而打腫臉充胖子

適當的虛榮心可以激勵一個人進步，但是過度的虛榮只會曝露身上的弱點、失去自我，汲汲營營追求表象。

在現代的社會裡，名牌成爲一種身分、地位、金錢的代表，因此常常可以聽到有許多人縮衣節食，生活過得很拮据，就爲了把名牌穿在身上、帶在身邊。這樣的人忘卻了所謂的「名牌」，代表的只是一種品質的保證，這種努力也只不過是虛榮心作祟而已！

虛榮心之所以會產生，是源於自信的缺乏，因爲自卑，所以必須利用許多的外加之物來妝點自己，光鮮的外表下，卻只是個空蕩的軀殼。

最可悲的是自欺欺人，爲了讓自己「有面子」而打腫臉充胖子，還得圓一個又一個的謊言。

從艾倫懂事開始，每天飯後父親都會拿起珍愛的金色小提琴，拉一曲美妙的《愛的女神》，母親也會抱著艾倫，輕輕地配合父親的節奏唱歌，一切都顯得那麼的美好……

然而艾倫七歲那年，母親因爲肺病過世，父親所屬的樂團也因資金周轉不靈而倒閉，全家人的生活陷入了困境。父親常常在夜深人靜時，默默一人在房裡擦拭著金色小提琴。

十八歲那年，艾倫考取了劍橋大學，在一次舞會上，認識了一個漂亮的女孩子蒂娜。蒂娜的父親是倫敦一家知名企業的負責人，當艾倫告訴她自己的外曾祖母是歐洲王室的公主時，對皇室頗爲嚮往的蒂娜開始幻想著充滿王冠、鑽石，宴會的貴族生活。或許是虛榮心，或許是自卑心理，艾倫一直不敢讓蒂娜知道自己的家庭狀況。

當艾倫向父親提及由於戀愛開銷變大，必須多打幾份工時，父親馬上來信說自己最近升職加薪，可以給艾倫多一點生活費，要他別累著了自己。

暑假期間，蒂娜邀請艾倫到她位於倫敦的家，那是棟金碧輝煌的別墅。當蒂娜向父親提及艾倫的家室時，她的父親露出懷疑的眼神說：「如果你能讓我女兒過同樣富足的生活，或許改天我可以請你父親吃個飯。」

艾倫一聽心沉了下來。突然，他想起父親那把金色小提琴，那是母親捨棄上流社會追隨父親時的唯一嫁妝，是一件價值不菲的古董，如果能賣了它，說不定能得到一大筆錢，進入上流社會。

艾倫瞞著父親和買主談妥價錢後，父親出現了。他什麼也沒多說，只問買主何時會把小提琴取走。得知是第二天下午後，父親沉默的走回房間。

看著父親失落的背影，艾倫心中感到一絲苦澀。

當天晚上艾倫去參加蒂娜家舉辦的宴會，大家都用羨慕的眼光看著這對金童玉女。一曲舞畢，司儀向大家介紹道：「剛剛的演奏者是敏斯特先生，他在我們酒店工作了四年，每晚爲大家帶來優雅琴聲。明天他就要離開了，今晚是他最後一次演奏，接下來這首是他最喜歡的歌曲《愛的女神》。」

當燈光照在演奏者身上時，艾倫忍不住哭了起來。他終於明白，父親爲了供應他上大學，白天工作結束後，晚上還到酒店演奏。

艾倫在演奏完畢後，衝上前抱住父親，並告訴大家實情，以及父親對自己的付出。那天晚上，艾倫扶著年邁的父親，身上背著金色小提琴昂首闊步走出飯店。他感激的對父親說：「爸，這把小提琴我會永遠替您保存。」

講求門當戶對，是幾千年來不變的定律，只是時空環境的差別而已，艾倫的情況在現今的社會裡也不斷上演著。

爲什麼會有一種說法指稱沒錢不能談戀愛？這是因爲戀愛中的男女都希望能讓對方看到自己最好的一面，或多或少會包裝自己。這是必然的，但爲了崇拜的眼光而過度吹噓，就不是好現象。

一個人的價値不取決於身外之物，重要的是本身散發的內涵。

艾倫有一個寬容且充滿父愛的爸爸，能體諒艾倫面對上流社會的光環而迷失了自己的心，最後終於讓艾倫及時醒悟，再度看清自己。

每一個人多多少少會有一點虛榮心，或重或輕的差別而已。每個人都希望被重視、被認可，因爲這是一種成功的象徵。

適當的虛榮心可以激勵一個人進步，但是過度的虛榮只會曝露身上的弱點、失去自我，汲汲營營追求表象。

虛榮心未必是壞事，只要改善它，穩定自己的心智，將它導向好的一面，就能成爲一種助力。

用寬容的心對待別人

人與人之間最欠缺的就是寬容，只要具備寬容的心，就會充滿希望，試著「用寬容的心情，面對惱人的事情」，不要對生活失去信心。

有句話是這樣說的：「不管一切如何，你仍要平靜和愉快。生活就是這樣，我們必須勇敢、無畏，帶著笑容面對生活。」

每一個時代裡，都會有一群憤世嫉俗的人，痛恨社會的不公、人性的險惡，對生活失去了希望。在他們的眼裡，看到的萬事萬物都蒙上一層灰，因此日子過得不快樂。

不能否認的，我們的身邊時時刻刻發生著令人難以想像、殘酷、痛心的事情，說明這個社會病了，人心也病了。

爲非作歹的人固然令人痛惡，但是，眼睜睜看著事情發生，卻不肯伸出援手的人更教人痛心。

保護自己當然重要，但是一顆冷漠的心才是社會混亂的開始。

《安徒生童話故事集》中有篇名爲〈一滴水〉的故事。

從前，有一個叫做克里布勒的老頭子，希望幫每一個東西找出最能發揮功用的方法，可是不管怎麼嘗試都會失敗。

有一天，他找來一個放大鏡，並且從水溝裡抽出一滴水來，想要研究這滴水有什麼特別之處。當他把放大鏡往水滴一照，發現裡面出現一幅驚人的景象，無數的小生物亂成一片，亂爬、亂叫，亂咬。

它們不斷的跳躍、彼此撕扯，而且互相呑食。

老克里布勒被這個景象愣住了，心裡想著：「要怎樣才能讓它們和平共處，讓生活變得平靜，不要爭吵個不休呢？」

他左思右想，想破頭就是找不出方法，最後決定使用魔法。

他找來巫婆的血，每滴價值兩個銀幣的血，就像紅酒一樣。這種血有魔法的作用，可以讓那些生物像人一樣，有形體、會說話。當鮮紅的血滴在小生物身上時，就像變魔術般，慢慢的，許多粉紅色的人形一個個出現。

克里布勒再度拿起放大鏡，往那滴水中看去，看到了一大群沒有穿衣服的人在裡面跑來跑去，多得像一座城市般。但，更恐怖的是，那群人互相殘殺，我咬你、你咬我；這個掐那個的脖子、那個打這個的頭。他們打成一團，上面的壓著下面，下面的想鑽到上面來。

「大家快看啊！那個人的身上長了一顆瘤。」一個小人兒這樣喊著。

聽到呼聲，一群人跑過來，從長瘤的小人兒身上砍下瘤來。被砍的小人兒很痛，因此大家就把他砍死，順便吃掉了。

這時，旁邊坐著一個小女孩，一聲不響看著大家。她只希望和平與安靜，不想像大家一樣互相攻擊。

可是，那群人不讓小女孩繼續坐著，就把她拖出來，打她、罵她，最後把她吃掉了。

克里布勒看著這些荒謬的事情說：「這……根本就是世界的縮影。」

這只是一滴溝裡抽出來的水，在「一滴水」的世界裡，所有的一切讓人對生命失去了信心，如果把它當成世界的縮影，那麼我們這個地球早就毀滅了。可是，地球仍然存在著，那是因爲還有很多人對生命抱著希望。

雖然對生活總是會有不滿之處，但是對生命抱著希望的人會用寬容的心胸，儘量往好的一面觀看。

如果上帝只看到人類險惡的一面，或許會選擇把世界毀滅，重新開始。但是祂沒有，因爲祂知道，在社會的每一個角落裡，還是有愛和關懷。

人與人之間最欠缺的就是寬容，只要具備寬容的心，就會對生命充滿希望。每天給自己一個希望，試著「用寬容的心情，面對惱人的事情」，不要對生活失去信心；只要抱著希望，生命就不會枯竭。

眼睛看到的不一定是事實

我們往往只看見事情的結果，未去求證過程的對錯，就下了直覺判斷，這些自認為是真相的事實，卻會帶來更大的傷害和誤會。

達文西曾經說過：「眼睛是會騙人的。」

太過於相信眼睛，衝動與後悔就會相伴而來，當釐清眞相時，事情早已無法改變，甚至留下無可彌補的傷害。

這些錯誤的發生，往往源自於憤怒下的判斷。我們總是相信呈現在眼前的表象，不去思考隱藏在事件背後的另一面。

因此，憤怒的時候，一定要提醒自己小心求證眼前所看到的事物，別讓衝動造成一時的後悔。

有位長工工作了二十年後，向主人辭行。臨走前，主人對他說：「我給你兩個選擇。第一個，是拿走你這些年來的工資，總共三塊金幣；另一個是我送給你三個忠告。」

長工想了想，選擇了後者。

主人於是告訴他三句話：一是等待可以看出一個人的本質，二是不要對事情過於好奇，三是眼前所見的不代表事實。

主人說完三句話後，又拿了兩個麵包給長工，並告訴他：「一個麵包給你路上吃，另一個麵包請你和家人一起分享，千萬不要把它送給別人。」

長工帶著主人給的兩塊麵包，背著簡單的行李就往家鄉的方向前進了。路途崎嶇難行，加上炎熱的天氣，讓長工汗流浹背、悶熱難耐，就在一棵大樹下躺下來休息。

當他恢復體力準備再度出發時，一個男人出現了，對長工表示自己也正要趕路回家，希望跟他一起結伴同行。長工想到了主人給的第一個忠告，就請那個男人等他解個手再上路。

長工故意拖了很久，才回到樹下。當他回來時，男人已經離開了。原來，那個男人是個殺人不眨眼的強盜，想趁走進人煙稀少的地方時殺掉長工，搶走他身上的東西。

到了傍晚，長工走進一個小鄉村，找了間客棧住了下來。他吃完主人給的麵包後就早早上床休息了，睡到了半夜，突然聽見外面傳來很奇怪的叫聲。他想起主人的第二個忠告，忍住了好奇心，並未出去探看。

第二天早晨，客棧老闆很好奇的問他：「爲什麼你昨晚聽到怪聲，卻沒有出來看看發生了什麼事呢？」

原來，這家客棧的老闆有一個瘋兒子，常常在半夜發出怪叫聲，吸引旅客出來查看，並利用這個機會殺死旅客，很多客人都因爲這樣而喪命。

長工離開了客棧，繼續馬不停蹄的趕路，到了傍晚，終於到了家門口。正當他高興的想走進去時，突然看見窗戶上映出了一對淡淡的影子，一個男子正將頭趴在他妻子的腿上。

長工見了，頓時憤怒得想將妻子和男子殺掉！這時，他又想起主人給的第三個忠告，於是忍了下來，走進家門，準備向妻子問清楚再離開。

妻子一見他進門，高興得衝上前擁住他。正當長工摸不著頭緒時，才發現屋內的年輕男子與自己有著相似的臉孔。原來他是長工離家後，妻子來不及告訴他而生下來的兒子。

長工很高興自己並未鑄下大錯，並與妻子、兒子一起分享主人給的第三塊麵包。

撕開麵包時，有三塊金幣藏在裡面。

在主人的忠告下，長工平安回到家中，並和家人共享天倫之樂。然而，忠告只是一種提醒，若是長工無法等待，無法克制自己的好奇心與一時的衝動，都有可能惹上殺身之禍，甚至造成終身的遺憾。

有些事雖然是我們「親眼所見」，卻不代表百分百的眞實。就如長工眞的看見了妻子與男子的親暱動作，卻不知道那個男子是自己的親生兒子。

前陣子新聞報導，一對B型和O型的父母生出了AB型的小孩，父親憤怒的認爲妻子對自己不忠，在高科技的檢驗下發現，原來父親的血型，是罕見的隱性A型，因此才會生下AB型的孩子。還好，這個誤會還來得及補救，不過也多多少少在妻子的心中留下了陰影。

我們往往只看見事情的結果，而未去求證過程的對錯，就下了直覺的判斷，這些自認爲是眞相的事實，卻會帶來更大的傷害和誤會。

珍惜身邊的每個相遇

你永遠料不到，單純的善意可以帶給別人多大的快樂。善緣的意義不僅僅是物質上的獲得，那份價值是千金難買的。

生命中最美麗的報償之一便是幫助他人的同時，也幫助了自己。

佛家說，百年修得同船渡。在茫茫人海中，能夠彼此相逢、相識、相交、相知、相親、相愛，是何等珍貴！

人與人之間的交往都是一種緣分。

只要以「善意」為出發點，不管結果是好是壞，是對是錯，至少是所有傷害中，最可以原諒的一種。要相信緣起、緣滅，不管是付出或接受，都是一種圓滿。

一個來自中國內地的女孩娜姆，隻身前往美國求學。

因爲經費有限，生活過得很拮据，白天在學校學習音樂、加強語言能力，晚上則在一家小餐館打工。

有一天晚上，一位衣衫襤褸、神情悽愴的老人爲了躲避外面的狂風暴雨而走進了餐館。所有的人看他一副寒酸模樣都露出嫌惡神情，有人甚至想把他趕出去。

娜姆看見老人無助的神情，不禁起了惻隱之心，她知道，很多年長者內心都是很孤獨的。

於是，她走上前招呼那位老人家，搬了一張椅子請他坐下來休息，還自掏腰包爲他點了一杯飲料。怕老人家覺得無聊，娜姆還唱了一首中國民謠給老人解悶，並請他有空就來參加中國學生的聚會。

老人家因爲娜姆的用心而露出笑容，卻也忍不住紅了眼眶。

兩個月過後，娜姆收到老人寄來的一份包裹，裡面裝著一封信、一串鑰匙和一張巨額支票。

娜姆驚訝的打開信，裡面寫著：

「親愛的娜姆，我年輕時曾經收養了三個越南孤兒，因爲他們，我終生未娶。在我辛辛苦苦教育他們長大成人後，他們卻拋棄了我這個養父，一個個離去，再也沒有回來過。退休之前，我在一間公司擔任工程師，收入很豐厚。可是，這些身外之物對於我這個即將入土的老人而言，是沒有意義的。我需要的是親人的溫暖和朋友的關懷。親愛的娜姆，只有妳給了我金錢買不到的溫暖。我決定回到家鄉度過晚年，我一生的積蓄和房子就留給妳了。希望能一圓妳的音樂夢。」

深受感動的娜姆爲了不辜負老人的心意，努力的學習。幾年後，她製作了一張風靡全球的中國民俗音樂專輯，甜美的歌聲也傳遍各地。

置身商業社會裡，人與人之間的關係日漸疏離，加上人口結構逐漸趨向高齡化，很多關於退休後的生活問題一一浮出檯面。現在的老人家怕的不是日子過不

下去，而是沒人關懷的寂寞。

許多「有緣」人，因爲時間、空間的阻隔，緣分由濃轉淡，終至消散；更多的「有緣」人，將對方的存在和付出視爲理所當然而不知珍惜，等到失去了這段緣分，才驚覺爲時已晚。

你永遠料想不到，單純的善意可以帶給別人多大的快樂！

娜姆所結的善緣，意義不僅僅是物質上的獲得，最重要的，她溫暖了孤獨的心，那份價值是千金難買的。

對老人家來說，娜姆的行爲是一種慰藉，然而他的感動與回報卻成了娜姆更積極面對生活的動力。

要寬容，不要偷走孩子的夢

夢想是一種希望與抱負，而不是不著邊際的空想。別忘了，人類因夢想而偉大，最重要的，是要「築夢踏實」。

夢想是人類特有的天賦，因為這種能力，人們會去追求更好的生活與幸福。就如同想像力是科學的觸鬚，科學家運用想像力探索未知的事物，他們大膽假設，且小心求證，為生活帶來許多便利之處。

愛爾蘭詩人葉慈曾說：「夢想，是責任的開始。」

孩子有顆純潔的心，對所有的事物充滿想像空間與希望，面對充滿夢想的一群，我們應該加以包容，何必急於讓他們認清現實呢？只有當這些年輕的生命有愛有夢時，這個世界才會更加繽紛亮麗。

美國猶他州有一位中學老師，在一次課堂上給學生出了一道作業，要學生寫出自己未來的夢想。

一個名叫羅伯的學生聽完了老師指派的作業後，高高興興離開教室。當天晚上，羅伯用了整整七大張的紙，詳細描繪自己的夢想。

他畫了一份佔地約兩百英畝的牧馬場草稿圖，裡面有馴馬場、跑道、馬廄和牧草種植處，另外還有房屋建築平面設計和室內裝潢圖。他一直忙到了大半夜，才將作業完成。

隔天，羅伯開心的將作業交了出去。但是作業發回來的時候，羅伯的作業上被評了一個大大的Ｆ，羅伯感到難過與不解。

下課時，羅伯決定前去找老師詢問到底哪裡出了問題。

老師看著眼前這個充滿幻想的孩子，認真的告訴他：「羅伯，我知道你這份作業寫得很認真，內容也很棒，但是你必須認清事實。要知道，你的父親只是一個馴馬師，而且你們沒有固定的居所，還常常搬家。一個牧馬場的建立需要花很多資金，你有辦法賺那麼多錢嗎？如果你願意重寫一份作業，找一個確實一點的目標，我可以重新打分數。」

羅伯拿回作業，失落的走到父親工作的地點。

父親聽完羅伯的敘述後，放下手上的馬刷，摸摸羅伯的頭告訴他：「孩子，這件事你必須自己做決定。你覺得怎樣做是對的，就放手去做吧！」

羅伯一直小心翼翼的保存這份作業，雖然上面大大的F非常刺眼，但還是他從不放棄自己的夢想。

他常常看著這份作業，藉此激勵自己不斷努力。

幾年後，羅伯終於如願以償擁有自己的牧馬場，就像當年作業中的藍圖那樣。

當老師受羅伯之邀，帶著三十名學生進入佔地兩百英畝的牧馬場時，忍不住流下了眼淚。

他感慨地告訴羅伯：「羅伯，我現在才意識到，身爲老師的我，就像一個小偷，以自己的觀念偷走了很多孩子的夢想。但是，你並沒有因此感到挫敗，因爲你的堅韌與勇敢，才會擁有今天的非凡成就。」

擔心孩子多走冤枉路，抑或自認已經將人生看透，許多成年人會有意無意的否定他們認爲「不切實際的想法」，連帶著強迫幼小的心靈必須快快長大，認識所謂的「現實面」。

用自己的實際看法，扼殺了孩子的幻想空間，無異於忘記年輕的自己也曾有過幻想。

成長的過程中，一旦經歷了許多挫折與失敗，孩子們或許會慢慢地將築夢的熱情消磨殆盡。但這段路走來不論成敗，不論如何艱辛，曾經爲夢想而努力的快樂都是無可取代的。況且不去嘗試，怎知不會成功？

夢想是一種希望與抱負，而不是不著邊際的空想。我們該做的是保護孩子的夢想，讓他們展開夢想之翼，並學習孩子爲夢想努力的精神；別忘了，人類因夢想而偉大，最重要的，是要「築夢踏實」。

要有寬容別人的心胸

為別人付出的同時，
自己也得到收穫。
讓自己多一點熱心、一點關懷，
世界將會更圓融、更美好。

要有寬容別人的心胸

為別人付出的同時，自己也得到收穫。讓自己多一點熱心、一點關懷，世界將會更圓融、更美好。

偉人、藝術家、科學家……之所以會成爲名人，通常都有他們的過人之處。有時你會發現，他們的脾氣都怪怪的，甚至不太好相處。正因爲如此，很多人在成名前，常常是被衆人唾棄、看不起的。

這時候，就需要一位伯樂，才能發現千里馬。那麼，伯樂又該具備哪些特質呢？除了識人的眼光，更要有寬厚且包容的心胸，才能網羅人才，並且讓他們心甘情願的爲自己付出。

十六世紀，德國的天文學家克卜勒尚未成名時，曾經寫過一本關於天體運行的小冊子，被當時頗負盛名的丹麥天文學家第谷看見了，發現他是一個不可多得的人才。因此，在百忙之中，第谷特地抽空邀請從未謀面的克卜勒前赴布拉格，與自己共同研究天文學。

得到消息的克卜勒高興得不得了，馬上整理行李，安置好家園，就帶著妻子和女兒連夜趕往布拉格。

沒想到才剛走到半路，克卜勒因爲水土不服病倒了。爲了治病，加上旅程的延遲，克卜勒身上的錢就這樣花光了，全家人陷入困境，無法繼續前進。因此，克卜勒只好寫信給第谷，請求他援助。第谷一收到信，馬上將旅費寄給克卜勒，克卜勒一家才有辦法順利來到布拉格。

到了布拉格後，第谷幫忙安頓克卜勒一家人。但是，由於旅途的勞累，加上溝通不良，克卜勒的妻子和第谷之間產生了誤會，鬧得非常不愉快。

後來，又因國王沒有馬上接見克卜勒，克卜勒便將這些事全怪在第谷身上，認定是第谷沒有將事情安排好，讓他白跑一趟。在情緒不穩的情況下，克卜勒寫了一封信沒頭沒腦的信亂罵第谷一頓，然後不告而別。

第谷本身是個脾氣非常不好的人，稍微一點小事都能讓他暴跳如雷。但是，接到克卜勒的信，第谷竟然出奇冷靜，連一句責罵的話也沒說。因為，第谷太喜歡這個年輕人了，認為克卜勒非常有才華，日後必定會有一番驚人的發展。

因此，第谷再次晉見國王，大力推薦克卜勒，並且叫秘書寫一封信給克卜勒。信中說明他和國王都非常歡迎克卜勒，希望他能再次前往，並在信中附上旅費。

克卜勒被第谷寬大的心胸感動，慚愧的二度來到布拉格。

誰知兩人合作不久後，第谷就身患重病，臨終前，第谷將自己多年來觀察星辰科學的心血，全都留給了克卜勒。後來，克卜勒利用這些資料，整理出著名的《路德福天文表》。

印度詩人泰戈爾曾說：「越是有人責備我，我就越堅強；越是面對刻薄的人，我就越懂得寬容。」

因爲，刻薄的人，有時候是一面自我省思的鏡子，我們可以從鏡子中看到自己曾經刻薄的嘴臉，進而體會到被刻薄的人，那份渴望被寬容的心情。

人不能只活在自己的世界中，一味以自己的眼光看待別人，而要懂得適時寬容，用寬容的心情面對那些惱人的事情。

如果第谷因爲克卜勒不識好歹的無理舉動而大怒，不僅僅失去一個人才，還無法讓自己的研究傳承下去。對克卜勒而言只是喪失寶貴機會，但對天文界來說，卻是人類科學文明的一大損失。

在衡量事情時，應該以群體的利益爲優先考量，不要只顧自己的立場。現代的人習慣自掃門前雪，反正事不關己，幹嘛多管閒事！殊不知，這種事不關己的心態，會造成環境一點一滴改變，到頭來，還是會影響自己。

其實，爲別人付出的同時，自己也得到收穫。讓自己多一點熱心、一點關懷，世界將會更圓融、更美好。

不要輕易否定別人

在否定別人之前先檢討自己，並且找出一個雙方可以接受的方式來告知對方的錯誤，讓他保有自尊，才能達到自己所要的目的。

華人含蓄內斂的個性，通常不太會把鼓勵、關愛的言語說出來。但是，若要批評事情、指責他人，所有尖酸刻薄、極盡難聽的言語，卻都能毫不吝嗇說出口。

批評和指責，說好一聽點，是刺激別人向上，逼他進步；不管是在工作場合中的上司對下屬、家庭中父母管教子女，或者老師教育學生等，我們都可以見到這種景況。

並非每一個人都能用激將法，這樣的方法有時會造成反效果，可能讓人一蹶不振或者惱羞成怒。

但是，也不能一個人明明做錯了，還告訴他做得很好，這樣是不會有進步的。那麼，怎樣做才是最好的方法呢？

松下幸之助擁有日本企業經營之神的稱號，雖然他以罵人出了名，但也以最會栽培人才而備受肯定。

有一次，松下幸之助來到一家餐廳，同行的六人都點了牛排。大家吃完主餐後，松下幸之助的盤中還剩下半塊牛排。

這時松下幸之助突然要助理前去請烹飪牛排的主廚過來，還特別交代不要找經理，只要把主廚找來就可以了。同桌的人都起了一種不好的預感，心想待會的場面可能會很尷尬。

主廚一聽到重要的客人要自己前去，緊張得一顆心跳上跳下。他不安的走到桌邊，問松下：「請問，今天的餐點有什麼問題嗎？」

「烹飪牛排的技術對你而言已經不成問題，」松下微笑的說著：「但是我只能吃下一半。牛排很美味，並不是你的廚藝有問題，而是我已經老了，胃口不如從前，沒辦法吃那麼多。」

看著主廚和大家疑惑的臉，松下幸之助繼續微笑的說著：「我會找你過來，是因爲我擔心你看到吃了一半的牛排送回廚房，心裡會難過，進而對自己的廚藝產生懷疑。」

大家聽完松下的話，都爲他的體諒與細心而感動不已。

還有一次旗下的經理向松下幸之助請教，該如何去判斷一個人所做的決策到底對不對。

松下告訴他：「我每天需要做的決定很多，其中有一大部分是去評斷他人的決定。但是，實際上我所下的評語，只有百分之四十是我眞正認同的，剩下的百分之六十，都有所保留。換個角度說，也就是有百分之六十的決定，只讓我覺得勉強還過得去而已。」

經理聽了這話覺得很訝異，因爲以松下幸之助的身分，如果他不同意的事，大可馬上否決掉。

松下笑了笑告訴經理：「沒有任何一個人喜歡被否定，對於那些你覺得過得去的計劃和決定，你不需要馬上拒絕。你可以在過程中指導他們，把事情導向你所要的方式。」

松下幸之助的待人之道，完全是源自寬容的心和眞誠的關懷。

很多人都只認同自己的看法和做法，因而動輒否定別人，但是，通常一件事並沒有絕對的對與錯。

很多時候你認爲錯的理由，只是出自於個人的偏見，或者表面上看起來不好，其實背後有它的好處存在。如果只是一味挑出缺點來否定對方，必然會喪失很多好機會。

松下幸之助的眼光是往遠處看的，公司想要有好的成績，不是只靠一個人的努力就夠了，而要發揮衆人的力量。要如何抓住人心又不流於放任，無疑需要很高的智慧。

很少有人能像松下幸之助這樣，要求的同時不忘了鼓勵，因爲人們習慣於看到別人錯誤的一面。就像松下幸之助叫助理請主廚前來時，大家心裡所想都是負面的，主廚要挨罵了。

在否定別人之前先檢討自己，並且找出一個雙方可以接受的方式來告知對方的錯誤，讓他保有自尊，才能達到自己所要的目的。

別把生命浪費在瑣事上

別讓你的人生浪費在無意義的事情上！我們是活在「未來」的歲月中，不要讓每一個「現在」成為遺憾的「過去」。

作家高爾基曾言：「世界上最快又最慢，最長而又最短，最平凡而又最珍貴，最容易被忽視而又最令人後悔的就是時間。」

時間不能增添一個人的壽命，然而珍惜光陰，把它用在有意義的人事物上，卻可以使生命變得更有價值。

「時間」是萬物中最不可捉摸、最神秘的東西。當你快樂的時候，時間過得特別快；悲傷痛苦時，多一秒也無法等待。

上天給予每個人的一天都是二十四小時，同樣的時間內卻造就了不同的人生。

可是，人如果想跟時間賽跑，是註定要失敗的。不論你如何去抓、去趕，時間永遠跑在你的面前。

根據一篇發表於《讀者文摘》的文章寫道，美國人的一生若以六十歲來計算，那麼總共有兩萬一千九百天。

其中，睡眠的時間就佔了二十年，吃飯則用掉了六年，娛樂要花上六年，梳洗、穿衣、打扮要五年，走路、開車、堵車的時間也要五年。生病有三年，講電話要一年，上廁所的時間也有一年，閒聊要花七十天，擤鼻涕十天，剪指甲十天……最後剩下的時間只有十年。

這個數字讓做事豪爽的美國人呆住了。

務實的德國人也想來湊一腳，於是他們也以六十年來計算，結果發現，睡覺同樣花上了二十年，看電視、上網則用掉了十三年，娛樂加購物的時間有一年半，花在交通上兩年又四個月，坐在電話旁聊天的時間一年，等無人接聽的電話要浪費六個月。

一年八個月花在賭博上，選舉、投票、年輕時跟人鬼混打鬧、成家後爲家事吵架、管教孩子的時間……等等，又花上了四年三個月，打官司的時間有三年，看無聊的廣告花了兩年，找尋亂放的東西要一年，在洗手間的時間也一年……，眞正用於學習和工作的時間只有九年八個月左右。

自認爲不比其他人差的英國人也拼命按著計算機。英國人說：「上帝告訴祂的子民，人的一生應該以一百年來計算，扣除戰爭時期的歲月，不計睡眠時間，說髒話、呼口號、開會時間不算，酒醉或進了牢房的時間跳過，不算偷情的時間，向上帝禱告、打瞌睡、放屁的時間通通略過……，最後所剩無幾的歲月只夠你當個無知的小伙子。也就是說，你只剩下十幾年的學習時間，即使你已經七老八十了。」

計算完一生時間的花用狀況後，難道就這樣屈服於現狀嗎？

事實上，時間是一種無形的東西，主導權在於自己，你想怎麼節約、怎麼使用，都是個人的選擇。重點在於，要如何用得有意義、有收穫。

若你花一個下午，泡杯咖啡、讀本好書，能讓心靈沉靜，達到放鬆的效果，那麼，你就是時間的主人。

如果你花一整天時間和別人爭執、計較，或是和自己嘔氣，那麼你將會淪爲時間的奴隸。

人生最美麗的禮物在於青春，別讓你的人生浪費在無意義的事情上，我們是活在「未來」的歲月中，不要讓每一個「現在」成爲遺憾的「過去」。

要信賴他人，也要保護自己

相信別人之前你得先保護好自己。但不需要做到疑神疑鬼、人人皆賊的地步，也不用因為上當過就對人性失去了信心。

近來詐騙集團層出不窮，即使受騙案例一再出現，大眾媒體再三宣導，還是有很多人上當。

另一方面，媒體的大肆渲染，也不斷挑戰傳統的價值觀念，導致人跟人之間無法像過去那樣信任對方，因此很多人隔著一層又一層的防護衣來面對他人。

但也有一種傻子，秉著人性本善的信念，一次又一次驗證自己的看法。也許，你會說他傻，笑他笨，不懂得生存之道，只會讓社會生吞活剝。不，這樣的人既不笨，也不傻。這樣的人，只是心思單純的人。

信賴的代價是雙面的，選擇信任對方，你可能一無所有，也可能獲得心靈上無窮的收穫。

安迪是移民到紐西蘭的華人，因爲剛移民，急需一台冰箱，就在二手市場花了八十塊紐幣買了一台。

可是，這台冰箱不僅笨重佔空間，耗電量大，還會發出馬達運轉的雜音，安迪一直希望有機會可以將冰箱換掉。

一台全新的冰箱最少要花上一兩千塊紐幣，在經濟考量下，安迪決定再找一台二手冰箱。

於是，他寫下想要的冰箱大小、款式、價錢等要求，將廣告刊在當地專門提供商品買賣訊息的報紙上。

不久，他就接到了一通當地人打來的電話，得知賣主家有一台符合要求的冰箱，而且才用了三年多。當他詢問對方的住所時，發現離自己居住的地方有三十公里遠，心裡有點猶豫。

但是，安迪知道，一台用不到四年的冰箱才賣三百塊，是非常划算的，加上對當地人的認識，他了解他們說話很實在，絕不會謊報使用時間。

安迪向對方提出他因為距離問題，無法前去搬運的難處，賣主則表示他可以送貨上門。

安迪覺得條件都符合他的需求，就答應這筆交易，並且放棄提前看貨的權利。一般而言，大型貨品的買賣都必須先看貨再決定，避免收到貨品卻不滿意的尷尬場面。

確定安迪要購買後，賣主對安迪說：「對不起！我還需要用一段時間，大概一個月左右。不曉得您能否接受？」

原來，對方正在辦理移民美國的簽證，要等證件下來才會離開紐西蘭。因為還有舊冰箱可以湊合著使用，安迪同意了。

一個月後，賣方打電話過來道歉，說簽證還沒下來，送貨時間必須往後延，並詢問安迪是否還要買他的冰箱。安迪回答：「沒關係，你慢慢等吧，等簽證辦好了再送來就好了。」

在等待的這段時間，有一位老先生打電話給安迪，說明他家有一台冰箱，問他要不要去看看。安迪過去看了，冰箱的確不錯，除了使用的時間長了點，只要紐幣兩百八十元。

安迪覺得若他買了這個冰箱，於情於理，之前的賣主應該不會怪他才是。但回到家中，安迪左思右想，認爲既然已經先答應了別人，秉持著一份信賴，還是維持先前的交易比較好，於是他打電話婉拒了老先生的冰箱。

過了半年，就當安迪幾乎忘記這件事時，突然接到了一通電話，對方不好意思的開口問道：「您是否還要買我的冰箱呢？」

原來是之前的賣主，他已經拿到簽證了。雙方談完都很開心，於是說好隔天就把冰箱送過去。

第二天，賣主開著一台貨車，小心翼翼將冰箱送到安迪家，而且安裝過程都不要安迪幫忙。

這是一台很棒的冰箱，不僅是流行的款式、無氟，漂亮的乳白色，各方面都比想像中還要好。裝好了冰箱，賣主笑嘻嘻看著安迪，彷彿問著：「感覺不錯吧！」

安迪高興的付完錢，並想請他喝中國茶。但是，賣主表示自己還有其他事要忙，馬上就得離開。

臨走前，賣主如同變魔術般，從背後掏出一瓶葡萄酒，鄭重的交到安迪手中說著：「這裡面裝的全是信賴。」

安迪拿著手中滿滿的信賴，不禁紅了眼眶……

在這一場交易中，安迪的信賴，是不完全，是有條件的。畢竟他還有一台冰箱，雖然不好，但是還能使用。

倘若迫在眉梢，他能耐心等待半年，甚至更久嗎？在買到冰箱前沒人可以保證不會有其他變數，要是簽證辦不到，賣方可能就不賣了！而且，安迪有過動搖的念頭，也曾考慮去買下其他的冰箱。

雖然這件事最後有個完美的結局，他以便宜的價錢買到很棒的冰箱，還得到信賴所帶來的感動，但是，這也只能說，他是個幸運的贏家，在這場信任的賭局中運氣很好。

從小，我們就受到長輩的諄諄教誨：「防人之心不可無」。這句話在民風淳樸的古代就已存在，它並不是抹滅人性善良的一面，而是強調當你在與人相處應對時，必須要有更多理性的判斷。

相信別人之前你得先保護好自己，但不需要做到疑神疑鬼、人人皆賊的地步。也不用因爲上當過就對人性失去了信心，因爲在付出信賴的同時，你也會得到心靈上的回報。

否定之前，先了解對方的出發點

不要把苦口婆心的叮嚀當成嘮叨或者苛求。否定一個人之前，請先深入了解他所作所為的出發點。

對於他人提出的要求，自己無法接受時，我們的第一個反應常常就是：「他一定是故意找我麻煩。」

人是一種自私而主觀的動物，習慣保護自己，遇到問題時，通常想到的是怎樣對自己最好。如果事情的發展沒有依照自己所想的那樣，失望之餘就會把過錯怪罪在他人身上。

另外，人天生就有惰性，這也是我們會推卸責任的主因之一。因爲喜歡讓自己處於安逸、舒適的環境，能避免的麻煩當然儘量避免，所以容易造成怠惰。有時候，大家都認為不合理的要求，不一定是不好的，因為磨練與成功往往是一體兩面，無法區隔的。

小玫是一個初到法國的留學生，經由學姊的介紹，來到一個寄宿家庭。這裡的主人是一個年約五十的婦人，名字叫塞爾瑪。塞爾瑪是個熱心的婦人，自己的兒女都長大了，不在身邊，她要小玫把這兒當成自己的家。

剛來到陌生地方的小玫一聽，感動得差點落淚。

可是，一星期後，小玫就想搬走了，因為她再也忍受不了塞爾瑪的獨裁和自私。她用大盒子將電話鎖起來，限制小玫每次洗澡不能超過五分鐘，還不准小玫使用廚房，所以小玫每天都得跟著塞爾瑪吃麵包。

或許因為寂寞，塞爾瑪還在家裡養了三隻狗兩隻貓，每天小玫都得努力收拾動物們製造出來的髒亂。雖然很氣憤，但是小玫還是極力忍耐，因為要找到房租這麼便宜的房子是很困難的。

某次小玫打工回家，時間已晚，躡手躡腳走向房間。因爲塞爾瑪規定十一點後不准開燈，在看不到的情況下，小玫踏到了一坨狗屎，嚇得尖叫。塞爾瑪從房間衝出來，指責小玫打擾了她的休息，讓小玫覺得很委屈。

過了一個星期，小玫向塞爾瑪借用她兒子的電腦，因爲電腦出了一點問題，小玫就請同學幫忙修理。

在那段時間，塞爾瑪一直站在門口不肯離去。到了晚上，塞爾瑪問她：「他們有沒有換走電腦裡的零件啊？」

小玫聽了再也忍不住了，大叫著：「我們才不會做這種事。」後來，小玫在電話中向母親哭訴，塞爾瑪在旁遞手帕給她，可是小玫不理會。

隔天，塞爾瑪破例讓小玫使用廚房。小玫很開心，以爲之後的一切將很順利。沒想到小玫才在浴室多待了一會兒，塞爾瑪又來敲門了。

對這樣的生活，小玫感到很煩悶，就跑到教堂前的廣場閒晃，不料回去的途中被一輛不長眼的機車給撞倒了。驚慌中，小玫撥了塞爾瑪的電話，有一瞬間她覺得塞爾瑪不會理會自己。結果沒多久時間，塞爾瑪就趕來了。

小玫住院期間，非常擔心龐大的醫藥費。學姊安慰著小玫，叫她不用擔心，大家會想辦法的。出院那天，小玫問起塞爾瑪，學姊笑笑的問她：「妳不是不喜歡她嗎？」

小玫當然不喜歡塞爾瑪，可是在關鍵的時候卻是塞爾瑪送小玫到醫院的。當小玫不知道該怎麼報答學姊幫忙籌措醫藥費時，學姊卻神秘的笑了，什麼話也不說就直接帶她往外走。

一直走到廣場，遠遠的小玫就看到一個熟悉的身影，穿著鮮紅的舞衣跳舞。原來是塞爾瑪，在她的面前還放著一個牌子，上面寫著：「幫幫我的中國女兒。」學姊輕聲告訴小玫，她的出院手續是塞爾瑪辦的，她一直都是以這種嚴厲的方式來教育自己的子女，所以個個都很有成就。

小玫感動得奔向前抱住塞爾瑪。原來，塞爾瑪真的把小玫當成家人看待，才會用同樣的方法來要求她。

環境的差異、風俗民情不同，表現出來的文化當然不一樣。

東方人對於子女的照顧，容易淪爲溺愛，從大到小的事情都安排得好好的，捨不得孩子吃一點苦，等到成年出了社會，才發現孩子是溫室的花朵，受不了環境的摧折。至於西方人自小就被訓練獨立、自主，在一定的年齡就要搬離家庭，學會自己生活。

我並不是鼓勵大家要早早離開家庭，畢竟與家人同住又有另一番天倫之樂。但是，我們必須記住一點，在身邊不斷叮嚀與鞭策我們的人，才是眞正關心我們的人。因爲他們出於善意，希望我們能更好。

不要把苦口婆心的叮嚀當成嘮叨或者苛求，在否定一個人之前，請先深入了解他所作所爲的出發點。

微笑就是最有效的溝通技巧

發自內心的微笑總是令人賞心悅目，會讓人容易親近，這種無聲的溝通，絕不遜於有聲語言，甚至還超越了語言的功能。

當你看著鏡中的自己，是否曾經注意到，如果你對自己很滿意，別人也會對你特別和善。人與人的接觸，就像照著一面鏡子，你對它怒目相視，它也會對你張牙舞爪；你對它和顏悅色，它也會回你燦爛笑容。

在所有非語言的溝通方式中，臉部表情是最豐富的一種，一個人面帶笑容，會比面無表情時看起來還有魅力。

笑也會使自己覺得更快樂一點，因爲表情有塑造情緒的功能，即使是幾個星期大的嬰兒，當他感到快樂時，也會露出甜美的笑容。微笑所帶來的收穫，有時是你無法想像的。

威廉覺得自己是全世界最悶悶不樂的人了，結婚十八年以來，從早到晚他的臉上很少露出笑容，連妻子都埋怨他老是擺著一張苦瓜臉。

威廉只能告訴妻子，自己的臉天生就嚴肅樣，並沒有生氣，只是不知道該怎樣微笑。

有一天，威廉看到了一份卡內基「微笑培訓班」的招生廣告，決定報名參加，給自己一個改善的機會。

受訓的那段過程中，威廉很努力按照老師教導的方法，每天對著鏡子微笑讓自己習慣，強迫自己練習對身邊的人露出笑容。

經過一段時間的訓練後，每當威廉要出門上班前，必定給老婆一個大大的笑容外加擁抱。進入地鐵時，也會對收票員道一聲早安，到了公司更會對身邊每個人微笑問好。

威廉對所有他看到的人都投以笑容，當他帶著微笑走在路上時，發現每個人也回應給他燦爛的笑容，讓他一天的開始充滿了愉快的心情。

威廉也將微笑運用在工作上，不管任何人對他發牢騷，他都保持微笑，耐心爲對方解決問題。

漸漸的，指定找他的客戶越來越多，老闆很高興的爲他加薪，並且要大家向他看齊。

威廉因爲微笑而賺到了更多的錢，讓自己的人際關係越來越好。家庭生活方面也更美滿，老婆不再抱怨他苦著一張臉，兩個人的感情更加甜蜜。

威廉感受到一個小小的微笑竟然能帶來那麼大的收穫，因此常以個人的經驗來勉勵後進的晚輩。

他告訴那群年輕小伙子：「當你的臉上充滿笑容時，你的心情也會跟著舒坦，看到你的人也會愉悅。這樣，人與人之間的相處就會充滿和諧的氣氛了。」

人與人接觸時，最直接的感受就是面部表情。許多心理學家進行實驗時，拿臉蛋姣好、長得俊秀但悶悶不樂的面孔跟充滿和善笑容的人的相片做比較，發現後者反而較受歡迎。因爲，面容影響一個人的情緒，而情緒會互相傳染，人們會選擇能讓自己快樂的人。

同樣的道理運用於工作上，更會帶來明顯差異。有哪個老闆會想看員工臉色？有哪個花錢的客人願意看一張臭臉找氣受？即使是親密家人，也無法忍受一張難以親近的臉。

發自內心的微笑總是令人賞心悅目，會讓人容易親近，也能贏得好感。這種無聲的溝通，絕不遜於有聲語言，甚至還超越了語言的功能。

放鬆心情才能面對人生

總是想著壞事即將發生，凡事都會出問題，甚至沒問題還要在心裡製造問題，將自己導向悲劇的角色，你的人生將永遠悲慘。

並非所有的憂慮都是壞事，適度的憂慮有助於面對困難，提早做好心理準備，可以幫助你提高警覺，小心防範。

但是，卻有很多人整天擔心著還未發生的事，煩惱著世界末日將自己放在無謂的憂愁之中，甚至危害到健康。這樣不但對自己毫無幫助，還會影響生活品質，讓你的日子過得戒慎恐懼，毫無樂趣可言。

如果有時間爲明天憂慮，不如利用這些時間爲明天做準備。

某個小國家有一位脾氣很壞的國王，喜怒無常，動不動就生氣，而且常常提出無理的要求，一旦屬下達不到他的標準，就會要了那個人的命。

因爲如此，整個國家的臣民都活在恐懼之中。

那時，有一個篤信上帝的木匠，每天都愁眉苦臉的過日子，很害怕哪一天國王會召見他。不管是工作或休息，他都沒辦法眞正放鬆，總想著：「我還能看到明天的太陽嗎？會不會一覺醒來，我就要死了？」

木匠一家人就這樣在愁雲慘霧的氣氛下過日子，有時想到傷心處，還會一起抱頭痛哭，在他們身上永遠看不到笑容。

幾年過後的某一天，木匠正在修理籬笆，一位士兵出現了。他來傳達國王的命令，要木匠在明天之前交出一百萬個長、寬、高都零點五公分的小木塊。木匠知道國王故意刁難他，這些木塊在一天之內是不可能做到的。

木匠悲傷的回到家中，將這個消息告訴了妻子和孩子。大家聽了哭得像淚人兒似的，木匠的老婆還因此暈了過去。

那一個晚上，全家人跪在窗前，將命運交給了他們的神，不停向上帝禱告。

第二天破曉，雞啼聲似乎宣告著時間到來。木匠一家人都紅著眼眶，帶著疲憊的神情，安靜等待著。

突然傳來一陣敲門聲，木匠不捨的對家人說：「現在，該輪到我去受刑了。」

木匠一面說著，一面拉開沉重的門板，臉上滿是悲壯的神情。

門一打開，國王的侍衛站在門口對木匠說著：「國王昨晚駕崩了！你幫他打造一口棺材吧。」

莎士比亞在《凱撒大帝》中說道：「懦夫在死亡來臨前早已死過了好幾次，而勇士一生只死一次。」

如果你是木匠，當你只能再活一天，是不是該珍惜這短暫的時間好好的過，讓生命畫下完美句點？

可是，故事中的木匠卻把時間耗費在憂慮上，甚至還讓家人在悲傷中度過許多年。

每一個生命的歸屬終究是死亡，只是時間快慢有別罷了。體驗生命的過程，才是人生的最重要價值。

如果你總是想著壞事即將發生，凡事都會出問題，甚至沒問題還要在心裡製造問題，一直將自己導向悲劇的角色，你的人生將永遠悲慘。

當你哭天喊地，抱怨生命的不公平時，卻忽略了，這些都是你自己的選擇。

悲傷是過日子，快樂也是過日子，何必為明天憂慮呢？

不管發生任何問題，終究要去解決。既然如此，就該適度放鬆自己，好好為身心充電，面對明天的挑戰。

充滿自信，就能敲開成功的大門

自信讓成功者相信自己的勇氣，思考組織力讓成功者清楚看到人生的方向，良好的身心狀況則讓成功者積極面對未來。

成功之鑰掌握在有心人的手中，想要成功，必須放眼未來，正面積極的思考，隨時做好充分的準備，等待時機的來臨。

表現卓越的人清楚自己的目標，同時可以排除萬難去完成自己的目標，儘管這些目標常是別人眼中不可能做到的事情。

眞正的成功者擁有冒險家的精神，也有企業家的特質，知道如何發揮才能，用敏銳的眼光掌握住每一個機會，善用人脈，發揮潛能。

世界聞名的希臘船王亞里斯多德．蘇格拉底．歐納西斯出生於土耳其西部的伊茲密爾，有著傳奇的一生。

有人認爲他的成功是老天賜予的好運，但是眞正了解他的人卻認爲「勇於決斷」是他打開成功大門的鑰匙。

年輕時的歐納西斯是一個窮小子，在破船上做過工資低廉的工作，也在阿根廷的一家電話公司做過電焊工。

由於環境艱苦，爲生活所迫，他常常一天工作十六小時以上。即便如此，他仍賣力工作，相信有一天必定能闖出自己的一片天。

有一次，歐納西斯偶然發現了阿根廷的煙草市場。他看準了機會，辭掉了工作，把所有的儲蓄投資在煙草上面。煙草生意漸漸穩固後，他明白想要擴展事業，光這樣是不夠的，於是將生意轉向貿易與運輸進口。一九三〇年時，歐納西斯已經成爲希臘產品最大的進口商。

就在此時，發生了全球性的經濟危機，工廠倒閉、工人失業、經濟蕭條、民不聊生，連海上運輸也受到無情的摧殘，阿根廷的經濟陷入了深淵。當所有人都處餘絕望中時，只有歐納西斯鎮定的觀察一切。

爲了渡過危機，當時的加拿大國營鐵路公司忍痛拍賣產業，將六艘價值兩百萬美元的貨輪，以每艘兩萬美元的價格拍賣。歐納西斯得知後像尋獲至寶一樣，火速前往加拿大商談買賣事宜。那時，所有的人都認爲他失去了理智，這樣做等於將白花花的鈔票丟入海中。

歐納西斯婉拒了朋友的好言規勸，毅然決然的買下貨輪。

事實證明，歐納西斯的眼光是獨到的，未來的發展果然如他所料，危機過後便是經濟復甦。海運業再度回到各業之首，歐納西斯從加拿大買下的船隻身價暴漲，使他一躍成爲海上霸主，資產激增，成爲了知名的富翁。

或許是幸運之神特別關愛歐納西斯，但不可否認的，他懂得尋找別人未發現

的商機，並且有足夠的勇氣去執行與實現。

美國的語言學家約翰．格林和心理治療師理查．班德勒針對不同領域的高成就者進行研究調查，發現了研究對象具備的三大特色：充滿自信、思考組織力強、生理機能良好。

自信讓成功者相信自己的勇氣，思考組織力讓成功者清楚看到人生的方向，良好的身心狀況則讓成功者積極面對未來。

當我們羨慕這些成功人士，並急於了解他們的成功秘訣時，不妨先反觀己身，傾聽內心的聲音，了解需加強的部分，並相信自己就是下一個贏家，如此才能創造機會，打開屬於自己的成功之路。

05

學會寬容，行事才會圓融

璞玉要經過琢磨才展現光彩；

一座花園，要經過四季的洗禮，

才能展現風采。

去蕪存菁之前，得先寬容地給予空間。

信念讓危機變成轉機

潛意識的心靈操控我們的健康狀況，信念和期望能改變我們的生命。重要的是，要能接納自己、鍾愛自己。

人生中總會遇到幾個低潮，可能會讓你感到萬念俱灰，前途一片黯淡。可是，一旦走出陰霾，後續的衝勁與成果會讓人無法想像。這就是爲什麼許多成功者，往往有一段苦難的過去。

在肢體障礙者、與病魔對抗的勇士臉上，我們常常可以看到陽光與希望。雖然他們的身體不便，但是他們的心理卻比任何人都健康。他們相信，生命能找到出路，被關上的門背後，會有一扇窗爲他們打開。

最可怕的疾病，不在生理上，而在心靈上。如果你好手好腳，但心卻很悲觀，覺得人生無望，那你就是眞正的殘廢了。

瓊斯在美國西部有一個小小的農場，每天努力工作著，但即使如此賣力，仍然過著捉襟見肘的苦日子。由於家中人口頗多，孩子還小，全家的重擔全落在瓊斯身上。

幾年辛苦的工作下來，家中的經濟還是沒有改善，瓊斯的身體狀況卻越來越差。有一天，瓊斯病倒了，患了一種罕見的疾病，全身痲痺，整日躺在床上不能動彈。所有的親人都認爲，瓊斯將永遠喪失生活能力。

但突如其來的病痛，並沒有將瓊斯打敗，他沒有因此對人生失去希望，相信一定有辦法改善情況。

他不想成爲家庭的負擔，於是不斷思索著其他維持生計的方式。他回想過去的人生，發現只靠著辛勤工作，是無法致富的，必須找出更有效率的工作方法。

經過一段時間思考和計劃，有一天，他將家人全叫到床邊，鄭重其事的告訴他們：「我知道我這輩子是不可能再站起來，用我的雙手工作了。但是，如果你們願意，每一個人都可以成爲我的雙手，都可以代替我的雙腿。我希望將農場的每一吋可耕種的土地都拿來種玉米，接著我們養豬，用收成的玉米當飼料。我們不必等到豬隻長大，趁牠們還幼小肉嫩的時候，就把牠們宰掉做成香腸。我們的香腸可以做成一口的大小，讓人們把它當成日常生活中的點心。接著，我們要自創一種品牌，將它們賣到世界各地去。」

他眼睛充滿希望的說著：「這些香腸將會像糕點一樣出售。」

幾年後，瓊斯自創的「瓊斯小豬豬肉香腸」果然在各地受到民衆歡迎，成了日常生活必備的食物之一。

瓊斯不僅沒讓自己成爲一個廢人，還在有生之年過著富裕的生活，成爲當地傳頌的奇蹟。

根據科學實驗報告，人類負面情緒產生的毒素足以殺死一隻天竺鼠，當然也能殺死我們。潛意識的心靈操控我們的健康狀況，信念和期望，能改變我們的生命。良好的健康是我們每個人都能把握的，不僅僅在身體上，只要能精神充沛、充滿活力，就是擁有健康。

重要的是，要能接納自己、鍾愛自己。瓊斯雖然終生都得躺在床上，但是並不把自己當成一個廢人，他努力突破問題，找出解決之道，雖然身體無法勞動，但是他的心靈是健康的，可以思考，可以決策。

許多和瓊斯有著類似狀況的人，常常因爲放棄自己而認定了別人也放棄了他，因此造成情緒上的不穩定，導致待人處事不夠圓融，每每增加照顧者的負擔。

不論眼前的遭遇如何，我們每個人都要寬容地對待自己和別人，把生命中的每一個試煉當成一種轉機。

換個角度，把話說得恰到好處

一句好話，不僅可以讓聽者心情愉悅，也可以為自己帶來收穫，不管是實質上或感覺上，讚美的話人人愛聽。

與不同人溝通是個變化萬千的過程，絕對無法像印表機般完全複製出來，也無法照本宣科。在談話過程中，自己與他人的認知也一直在改變，即使是很細微的點，都會造成很大的影響。

你傳出的訊息就像一條橡皮筋，給予適度力量，才能達到最大的拉力。過度與不及都會造成反效果，不是雙方都被彈傷，就是雞同鴨講。

在一家賣清粥小菜的餐廳裡，凡是點小菜就送一碗清粥。這天，有兩個人點餐時，都向老闆要求粥要多盛一點。

第一位客人看見碗裡的粥只比平常份量多一點，皺著眉頭對老闆說：「老闆，你怎麼那麼小氣。才多那麼一點粥，怎麼夠吃呢？」

老闆聽完，不悅的回答說：「我們的米也是要成本的。」並在結帳時，多算了一些小菜錢。

第二位客人則告訴老闆：「我最喜歡你們的粥了，每次經過，聞到粥的香味，都會忍不住想要吃上幾碗。能不能給我大碗一點的粥呢？」

老闆眉開眼笑的回答他：「當然沒問題，如果你吃完了就再來盛吧。另外，這盤小菜是我們最近推出的新口味，請你試吃看看味道如何，再給我一些建議吧！」於是，第二個客人不僅得到一碗又大又香的粥，還吃到了老闆免費贈送的小菜。

一家知名的大飯店為了和同業競爭下午茶點的市場，替別禮聘一位麵包師父。

這個師父烤了一些口味獨特、又香又好吃的麵包請大家試吃，大家吃得連連稱好、意猶未盡。不過，雖然麵包很好吃，但是它的造型並不好看，達不到飯店所要求的美觀條件。

老闆試吃完後，當著很多人的面大聲對麵包師父說：「你的麵包做那麼醜，擺上桌能看嗎？我找個人來幫忙你好了。」

麵包師父聽完覺得面子掛不住，第二天就辭職離開了。

對手飯店一聽到這個消息，馬上以更高的薪水將這位麵包師父請了過去，並告訴麵包師父：「你的麵包實在好吃極了。我們飯店將推出以麵包爲主的餐點，屆時怕你忙不過來，我想請個人來幫忙你，順便向你學習。你們可以一起研究麵包的造型，不知你意下如何？」

就這樣，這間飯店以美味麵包打開市場，許多客人因此慕名而來。

語言是活的，同樣的一句話從不同人口中說出來，會有不同的感受，那是因

爲裡面已經注了一個人的情感。所以，說話被認爲是一門大學問，不論說話時的眼神、表情、口氣、肢體動作，甚至是內容，都屬這門學問的範籌。

一句好話，不僅可以讓聽者心情愉悅，也可以爲自己帶來收穫，不管是實質上或感覺上，讚美的話人人愛聽，批評指責大家都不喜歡。

因此，有技巧的將批評、指責化爲「良善的建議」或「換個角度的讚美」，不僅能達到目的，也能讓溝通的雙方都滿意。

懂得說話藝術的人，只需要幾句圓融的話，就可以爲自己帶來益處；相反的，看似在語言上佔上風的人，不但達不到想要的目的，還白白浪費了大好的機會，損失可大了。

在忙碌的社會裡，耐心已經變成一種考驗。當對方所做的達不到自己的標準時，我們常會有責罵他的衝動。雖然在話出口之時，可以短暫的宣洩自己的脾氣，可是帶來的傷害卻是加倍的。多站在對方的立場考量，將嘴邊的話思索一遍再問口，就可以省掉許多麻煩。

學會寬容，行事才會圓融

璞玉要經過琢磨才展現光彩；一座花園，要經過四季的洗禮，才能展現風采。去蕪存菁之前，得先寬容地給予空間。

時間可以帶出事物的本質，等待是爲了做好充分的準備。做任何的決斷都需要事前收集資訊，不能憑空臆測，才不會做出錯誤決策，行事低調不代表軟弱、沒有作爲。因此，做每一個動作之前都應該沉寂一段時間，等待時機的來臨。

一個成功的決策者，不是只要具備魄力就好，還必須擁有過人的嗅覺和敏銳度，輔以識人的技巧，在不同的狀況，以不同的方式處理事情。

某個單位來了一個新主管，是老闆特地請來整頓公司風紀的。據說，他的能力很強，讓他帶領過的部門，都會有很好的成績。一開始，大家小心翼翼，就怕一個不小心被新主管盯上。

日子一天一天過去，新主管卻沒有任何動作，一到公司就躲進辦公室裡，逢人便有禮貌的打招呼。漸漸的，員工認爲新主管只是一個爛好人，根本無法改善辦公室的風氣，甚至比之前的主管更好應付。

一些平時氣焰囂張、無所作爲的員工放下了戒心，開始恢復本性，甚至變本加厲，絲毫不把新主管放在眼裡。

四個月過後，當大家對新主管完全不抱希望時，新主管卻發威了。他大刀闊斧將所有的惡質員工統統開除，有才能的人則獲得升遷。下手之快，判斷之準，與先前判若兩人。

年終聚餐，主管在大家吃得差不多之時，站起來敬酒並且致詞道：「大家一定對我先前的保守行為和後來的快速整頓感到疑惑吧！就讓我來為大家說一個故事，就能了解為什麼我要這樣做了。」

「我有一個朋友，買下了一間有大庭院的房子。剛搬進去，就把院子裡的雜草雜樹全部剷除，改種其他花卉。某一天，前任屋主來訪，一看到院子的景象，驚訝的問：『我原先種的那些名貴牡丹怎麼不見了？』原來，那些雜樹雜草都是名貴的植物，只是被不知情的朋友給剷掉了。」

「後來，我這個朋友又買了另一間大宅院，院子的景象比先前更雜亂，但是他連動也沒動，完全不去整理。冬天過後，春天來了，院子裡開滿了紅花。夏天到後，原本的雜草竟成了錦簇。過了夏季，完全沒動靜的樹木佈滿了紅葉。一直到了暮秋，他才真正認清哪些是無用的植物，可以剷除，哪些則是值得留下來的珍貴植物。」

的確，「日久見人心」這個雖然簡單卻深刻的道理，很多人都了解，但是常

沒有足夠的耐心等待。

更糟糕的是，很容易以先入爲主的觀念來斷定事情，往往只能看到表面，不能看透隱藏在表面下的本質。尤其是在現代的社會裡，人人爲了自保，常常爲自己戴上一層甚至多層面具，更讓人看不清眞面目。

璞玉要經過琢磨才展現光彩；一座花園，要經過四季的洗禮，才能展現風采。在開花之前，牡丹只是一株看似普通的雜草，相對的，虛僞的事物被拆穿之前，也總是善於包裝自己，就像裹著糖衣的毒藥。

因此，想要去蕪存菁之前，得先寬容地給予空間自由發展，在自然的狀態下慢慢觀察，才能做出最聰明、最圓融的決斷。

經驗是一種無形的財富

工作不只是做完，更要做好，不要抱著得過且過的態度。用更多的熱心和熱情投入你的工作，才能讓你累積工作和人脈的經驗。

每年到了鳳凰花開，必定吹起一股求職潮。各大企業負責人、媒體工作者等等，紛紛探討年輕人的工作態度，給予的評價也一年比一年差。

眞的一代不如一代嗎？

新世紀的青年比起早年苦做實幹的前輩而言，不僅接觸層面廣，創意也十足。或許在生活環境改善下，他們得到比以往更多的資源和照顧，但這不代表經不起挫折、吃不了苦。

其實，他們眞正欠缺的是工作的經驗和社會的磨練。

經驗是一種金錢買不到、別人搶不走的財富。經驗的獲取不僅僅是從他人身上，也必須靠自身累積。前人所給予的只是讓你少走點冤枉路，最重要的一點就是，想要得到就必須有所付出。

曾經有個年輕人，跑到美國西部希望能在那兒的報社找到一份好工作。但是，他到處碰壁不得其門而入，於是就寫了一封信給當時在報界很活躍的名人馬克·吐溫。

馬克·吐溫認爲這個年輕人很誠懇，問清楚他嚮往的報社跟職位後，就給了他一些忠告，信件中有幾段話這麼說：

「無論你到任何一家報社，只要你願意暫時不支薪，不管他們是否缺人，總不好意思一口回絕你。你只要向他們表示，自己不工作就沒有實在感，希望能做點事來充實自己，因此不計較報酬。」

「若得到工作機會，接下來最重要的就是主動做事，自動幫忙。慢慢的，讓同事適應且確實需要你。這時候，你就可以開始採訪一些新聞，把它寫成稿件交給編輯部。若他們覺得你的稿件可以用，自然會陸續發表你的新聞稿。這樣一來，你就有機會外派去當記者，接著晉升編輯職位，獲得大家的尊重。同事們也會將你的名字和成績傳出去。到了這一步，你就不用擔心薪水的問題了。那時，會有其他報社爭相來聘請你，你可以拿那些聘書給主編看，告訴主編，若這裡也能給同樣的月薪，你願意留下來繼續努力。或許，會有其他報社開更高的薪資，若所差不多，你最好還是留在原地。」

雖然這個年輕人對馬克．吐溫的建議有些懷疑，但他還是照著去做。不久之後，他果然進了一間大報社，不到一個月就接到另一家報社的聘書。原報社為了留下他，給他加倍的薪水。他在那家報社四年間接到兩次聘書，也調了兩次薪水，最後成為那家報社的主編。

同樣的方法，馬克．吐溫也傳授給另外向他請教的五個年輕人。他們五個都因此順利找到好工作，其中一個還成為美國一家知名報社的主編。

或許馬克·吐溫的時代跟現今不同，但是他教導年輕人的工作精神卻是值得學習的。熱愛自己的工作，儘量利用各種機會充實自己，也許投資與報酬率無法平衡，但是經驗的累積是一種無形的財富。

別害怕吃苦，想要收穫就必須有所付出。

機會是自己創造的，當它來臨時，不僅要好好把握，更要用主動且積極的態度妥善運用它。

工作不只是做完，更要做到最好，不要抱著得過且過的態度，用更多的熱心和熱情投入你的工作，它能讓你累積工作和人脈的經驗。

能力不足就容易打退堂鼓

一直將自己沉浸在挫折的恥辱中，並不會改善情況，唯有認清事實，不怕失敗的挫折感，努力改善自己的弱點，才可能成功。

英國作家狄更斯曾說過：「頑強的毅力可以征服世界上任何一座高峰。」

永不放棄，是成功者的特性，因爲他們知道，每一個挑戰就如同一場球賽，一旦放棄了，比賽就結束了。成功並非偶然，得付出相當的代價，再偉大的科學家，在新科技發明前，也得嘗遍無數次的失敗。

每個人都知道，只要肯努力，多試幾次，一定會有成功的一天，但是能做到的又有幾個？

朝著同一個目標，接受一次又一次的考驗，要面對的是外來的壓力？還是自己的毅力呢？

一個年輕人走進一家微軟分公司，跟櫃檯接待小姐表示自己是前來面試的。接待小姐聽了覺得很奇怪，因爲公司目前並無職缺，也沒有刊登徵才廣告，當然沒有面試的安排。

年輕人告訴接待人員，自己是路過微軟公司而臨時起意，想進來試試看有沒有面試機會。接待小姐當然無法安排這件事，因此客氣的拒絕了年輕人的要求。但是，年輕人並不放棄，仍然一再拜託，希望能跟負責的人見上一面。

正當接待小姐感到爲難，不知該如何處理時，經理剛好走了過來。問明原由後，經理覺得這個年輕人很特別，就答應了他的要求，破例幫他面試。

在面試的過程，經理用英文問年輕人一些問題，但是他答得很糟糕，英文也說得不太流利。年輕人向經理說明，自己是因爲事先沒有準備，才表現得不好。

經理認爲年輕人只不過是找個藉口推託罷了，就隨口告訴他：「等你準備好再來試吧。」

一個禮拜過後，年輕人再次走進微軟公司，但是他還是沒有通過，不過表現得比第一次好多了。經理依然給年輕人同樣的回答：「等你準備好再來試吧。」

就這樣經過了幾次的面試，到了第五次，年輕人再度踏進微軟公司，終於通過了面試被錄取了。

進入公司後，年輕人也因爲自己鍥而不捨、不斷精進的精神備受重視，成爲公司大力栽培的人。

經理願意給年輕人機會嘗試，是因爲他不放棄的精神，但這並不是他最後能順利進入公司的主因。對年輕人來說，最大的挑戰來自於自己，那就是面對「失敗」之時的勇氣。

一次的失敗，不代表永久的失敗，可是許多人卻因此一蹶不振。因爲，失敗會導致痛苦，讓人心生恐懼，對人對事的恐懼則會造成一道無法跨越的障礙，阻止自己繼續往前。

無法面對自己創造出的恐懼，才是人無法成功的主因。

許多新鮮人，剛進入社會時都會有深深的挫折感。在學校風光的自己，出了校園卻什麼也不是，面對的是最現實的一面。老闆會問你可以給公司帶來什麼利益，老闆不會給你多一次的機會，他要的是你能立即上手，處理好事情。許多人在面對最初的挑戰——求職這一關，就已打了退堂鼓。無法接受的不是老闆所出的難題，而是不願面對自己能力不足的事實。

一直將自己沉浸在挫折的恥辱中，並不會改善情況，唯有認清事實，不怕失敗的挫折感，努力改善自己的弱點，才可能獲得成功。

動手做，才會有收穫

有些人善用小智慧偷懶，指揮別人代替自己的雙手。雖然事情同樣能辦好，但是過程中的收穫卻是一輩子也無法體會的。

你是否發現，身邊有許多人靠著張「嘴」過生活？這些人中，只有少數屬於眞正的領導階層，絕大部分則只有一張嘴巴，空無實力。因爲，光張口、不動手無法眞正學到東西，只會破壞自己的人際關係。

已去世的前台塑集團董事長王永慶有句名言：「勤勞、勤儉、嘴巴不要碎碎唸。」

而懶人們卻總是說：「可以推給別人的事，自己何必做？」

從兩種不同的態度，你大概可以判斷誰會成功，誰只能在原地踏步，而且讓周遭的人感到厭惡。

在一個小鄉村有個叫做巧嘴兒的少婦，每天和弟媳一起整理家務。當弟媳切菜時，巧嘴兒就會站在旁邊說：「那個蘿蔔要切成丁，不能切成塊。要不然炒起來火候不均勻，就不好吃了。」

弟媳準備倒油進鍋中時，巧嘴兒又開口了：「油要等到鍋熱才能放進去，別倒得太多，會膩嘴的。」

弟媳打掃庭院之時，巧嘴兒看了看，忍不住又開了口：「掃把不能這樣拿啊，塵土都飛起來了。妳應該沿著牆角順著掃過來……」

當弟媳將洗好的衣服晾到竿子上時，巧嘴兒馬上又說：「衣服不能這樣晾，要反折過來，才不容易縐巴巴。」

不管巧嘴兒說什麼，弟媳什麼話也不說，馬上照她的話去做。每天就看到弟媳一個人忙進忙出，巧嘴兒就像個少奶奶似的，只是站在旁邊看，出聲指導她該如何去做。

有一天，住在隔壁鄉鎮的一位長輩來家中拜訪，巧嘴兒請他上座後，就呼喚著弟媳倒茶來。

等到茶端上來後，巧嘴兒一看，不滿意的告訴弟媳：「茶泡得太過了，這樣味道會苦澀的，下次茶葉要早點拿出來。」接著，又要弟媳去廚房準備點心。

長輩看在眼裡只是笑笑，問巧嘴兒：「妳這樣持家一定很辛苦吧！」

「可不是嗎？我每天忙東忙西的，一會兒要交代這個，一會兒又要交代那個。弟媳不懂的地方還要花時間教她，忙得很呢！」巧嘴兒一聽，馬上劈哩啪啦的說了起來。

長輩瞧了瞧巧嘴兒，嘆了一口氣說：「妳的面相很好，本來應該很好命的，只可惜……」

看到長輩欲言又止，巧嘴兒耐不住性子追問了起來。

停了許久，長輩再度開口：「如果妳要好命的話，必須做到一件事。那就是一個月不能開口說話，只要做到，保證妳以後可以過好日子。」

巧嘴兒謝過長輩後，就真的開始閉上嘴，一句話也不說。

當她看到弟媳做的家事，不如己意想開口糾正時，想到長輩的叮嚀，只好閉上嘴。

巧嘴兒比手畫腳老半天後，弟媳還是搞不清楚她的意思，她受不了，只好自己動手做了起來。

這時，她才發現，原來不開口也能將事情做好。

一個月後，巧嘴兒家事越做越順手，甚至比弟媳做得還好，同時也改掉了愛說話的毛病。後來，大家都知道村裡有一位賢慧的婦人，手巧人又美，那就是巧嘴兒。

在〈認真的女人最美麗〉這首曾流行一時的歌中，有幾句歌詞是這樣說的：

「認真的態度是一種過程，付出的不會是犧牲，認真的堅持迎向妳人生，妳就是最美的女人。」

當一個人認眞的去做一件事時，散發出來的，是一種發自內心努力不懈的精神，因此流下的汗水也特別動人。

或許生活中，有些人善用小智慧偷懶，指揮別人代替自己的雙手，雖然事情同樣都能辦好，但是過程中的收穫卻是他們一輩子也無法體會的，別人對他們只會發號施令也容易反感。

人的身體是一個十分細緻的構造，不時常加以使用只會退化與遲鈍。因此，別沾沾自喜於又能少做某件事，因爲你少的不僅僅是身體上的勞動，還在自己的心裡弄出一個大窟窿，成了不受歡迎的人。

畫地自限只會離成功越來越遠

早點將銬在身上的枷鎖解去，發現自己的長處，並好好的發揮，才能邁向另一個新的開始。

如果我們只想保持原狀，就無法變成我們想要變成的人。唯一能限制我們前進的，就是認爲自己不可能也做不到的想法。

一個人如果老是說：「我就是沒辦法，永遠也出不了頭。」那他就會停止學習，不再嘗試任何機會，因爲「反正也不會有用」的念頭已經深植心裡。到最後，他的預言將會成眞。

相反的，一個人如果鼓勵自己說：「無論如何，我就是要做到。我要盡全力來完成這件事。」這樣一來，即使是延長工作時間、花功夫學習、做任何改變，他也願意。

結果，當然是他成功了。

在激烈競爭的社會中畫地自限，是最可怕的一件事，因爲你連嘗試的動作都沒有，就將自己定位成失敗的人。

安德魯是美國一位很有名氣的不動產經紀人，有輝煌的成就，但誰也沒想到，過去他只是一個賣葡萄酒的小小推銷員。

推銷是他入門的第一份工作，當時他認爲，自己這一輩子大概就只能賣葡萄酒了，並沒有設立其他的目標。

起初他爲一位朋友工作，後來又進了另一家葡萄酒貿易公司，接著又和另外兩個人合夥做起進口代理商。不過，安德魯所做的一切並不是出自於熱情，只是出自於一種本分。

不管安德魯多麼努力，他的葡萄酒生意仍然不見起色，而且每況愈下。雖然他試圖挽救，最後還是倒閉了。

即使如此，安德魯仍然不願意改行，他不知道自己還能做什麼，也沒有別的專長。於是，他加入一門教人如何創業與謀生的課程。

在課程中，他從同學間的互相回饋中得知，沒有人認爲他是個「只會賣葡萄酒的人」。大家都覺得他的能力不錯，而且是個應變能力很好的人。

這些看法給了安德魯很大的衝擊，他拋開了舊有的想法，開始仔細思考與分析是否有從事其他行業的可能性。

他審愼探討自己的興趣和能力，試著找出最適合自己也最想做的行業。最後，他選擇了和太太一起從事不動產業務。經過幾年的努力，安德魯夫婦在不動產界打下了很好的基礎，也闖出了名號。

選擇安於現狀的人，不用面對挑戰新事物帶來的壓力，也逃掉了許多責任。這樣的人往往會說：「這個太難了，我做不到。你來幫我吧！」

雖然這也是另一種聰明的生存方式，但是相對的，積極進取的人收穫絕對比較多，因爲他們不僅僅是得到魚，還學會了釣魚的方法。

機會出現在我們眼前之時，經常巧妙地僞裝成無法解決的難題，它不願讓人太過輕易得到它。

對安德魯而言，葡萄酒生意的失敗，是把他推向巨大成功的開始。沒有這個打擊，他一輩子只能做個不高不低、不上不下的葡萄酒推銷員。

我們爲自己設下的任何界限，都會成爲日後的障礙。因此，早點將銬在身上的枷鎖解去，發現自己的長處並好好發揮，才能邁向另一個新的開始。

別讓你的理想成為空想

把每一個嘗試，都當成經驗的累積，接受挫折成為進步的一部分，才能增添自己的信心，別讓恐懼成為生命的絆腳石。

如果你一直想做某件事情，卻總有外在因素讓你裹足不前，而遲遲不能成行，請你仔細的思考，那些理由眞的足以成爲阻擋你的原因嗎？

學步中的孩子，不會因爲跌倒的疼痛就放棄再次以雙腳站立，反觀，許多成年人卻不想變化，拒絕嘗試新的事物，不願面對全新的人際關係，將自己困在熟悉而安全的環境中，不想做任何的改變。

這一切都是源於對人對事的恐懼。

席寧先生是一個事事要求完美又小心翼翼的人，沒有十足的把握與萬全的準備，不會輕易嘗試任何的改變。不管要下什麼決定，他都要經過再三思考、評估，也因此常常錯失良機。

第二次世界大戰結束後，席寧先生進入了隸屬美國郵政總局的海關部工作。剛開始，他很喜歡自己的工作，一切都井然有序，按照規定執行作業，不需擔心突發狀況。

這樣周而復始的日子一天一天的過去，轉眼間已經邁入了第五年，席寧先生開始感到不安與不耐。

一方面是工作上的限制越來越多，複雜的流程與作業讓席寧先生覺得自己快喘不過氣。另一方面也因工作死板，不管在薪資上或人事上的升遷都毫無希望。這些原因使得席寧先生對工作越來越不滿。

有一天，當他在崗位上查驗新進的貨品時，突然一個念頭閃進他的腦中。

他在海關的工作，讓他學習到貿易商應有的專業知識，甚至接觸到的領域比一般貿易商更廣更多。這些優勢都足以讓他自行創業，不管是食品買賣，或者是服飾、玩具經銷……等，他都有辦法勝任。況且，海關工作還爲他累積了不少的人脈。

從他有創業的念頭開始，不知不覺過了十幾年。席寧先生成爲一個成功的貿易商了嗎？

不，他仍然在海關做著一成不變的工作。

爲什麼呢？

原來，每次當席寧先生好不容易下定決心，準備放手一搏時，總會有許多事情跟理由，使他打消了念頭。不管是新生命誕生、資金欠缺、景氣不好、貿易條例修改、上司挽留……等等，種種藉口讓他一拖再拖，始終沒有跨出第一步。

蘇格拉底認爲：「藉由發問來檢驗自己、自己的天性，才能進入靈魂深處，

超越自我，為自己規劃出一條道路。」

只可惜，很多人寧願待在自己量身訂做的監牢裡，不願意走出來。面對恐懼是一件困難的事，選擇忽視與逃避的大有人在。這些人放任這些負面的情緒結成一張大網圈住自己，進而影響人生。

許多人都有偉大的夢想，卻總在生命結束時才發現自己的夢想淪爲空想。是眞的遙不可及，還是不願去實現呢？

沒有跨出第一步，就不可能有成功的機會。把每一個嘗試，都當成經驗的累積，接受挫折成爲進步的一部分，才能增添自己的信心。

別讓恐懼成爲生命的絆腳石，全心全力朝目標努力，相信自己走在成功的路上，最後就一定能成功。

何必和蒼蠅生氣

爭吵的時候，通常是一方先動怒或動手，
只要忍一忍，不理睬對方，
把他當作一隻瘋狗，
就可以免去一場動粗的危機。

把心空出來學習新事物

我們要像地球轉動一樣，日出日落，每一天都是全新的開始。把心放空之後，我們才能再次迎接全新的感受。

莎士比亞曾經這麼說：「許多人寧願擦拂塵埃，卻不知道那些被塵埃掩蔽了的是光彩的金器。」

找個時間，清理一下放滿心中的雜物吧！

用去蕪存菁的方式清掃自己的心靈，你自然能挪出一個新空間，容下全新的生活與全新的自己。

有個學者爲了修習禪學，來到一間著名的寺院請教禪師。

學者恭恭敬敬地問：「請問師父，什麼叫做禪？」

禪師卻淡淡地回說：「等等再說！」

只見兩個人對坐，禪師一邊與客人聊天，一邊爲客人準備著好茶，不過卻對「禪」的定義隻字未提，淨與學者寒暄。

這時，學者發現杯裡的茶水已經倒滿，禪師卻仍不斷地繼續倒入。茶水不停地流洩，禪師似乎一點也沒有察覺，學者連忙提醒他：「禪師，杯裡的茶已經滿出來了。」

禪師停住了手，淡淡地說道：「是啊，人們就像倒水一樣，不斷地將自己的觀念與論點裝在心中，裝得那麼滿，自然要溢出來了！」

學者不解地問：「禪師，我是來請教『禪』的啊！」

禪師這時喝道：「你不將心中的杯子空出來，怎麼裝得下『禪』？」

悟性高的人在禪師故意傾倒茶水時，會看見禪師的用意，但是心中若裝滿外在事物的人，只能看見「水溢出來」，卻看不見其中的「禪機」。

不管待人接物或是研究學問，都不要被「先入爲主」的觀念所囿限，一旦心中被這些自以爲是的觀念佔滿，便無法接受別人不同的想法，容易造成不必要的衝突，自己也難以掌握難能可貴的機會。

同樣的，不要把過去經驗的記憶，移植到全新的工作環境中，那只會讓我們無法適應新環境，認爲錯的都是別人。我們要像地球轉動一樣，日出日落，每一天都是全新的開始。

把心放空之後，我們才能再次迎接全新的感受。人生不斷地前進，片刻也無法停留，過去的就讓它過去，心中隨時留個空位，讓新的事物進來，才不會有任何懊悔的錯過。

何必和蒼蠅生氣

爭吵的時候，通常是一方先動怒或動手，只要忍一忍，不理睬對方，把他當作一隻瘋狗，就可以免去一場動粗的危機。

波斯哲人薩迪曾經寫道：「德高望重的人，即使受到無賴之徒的侮辱，既不悲哀，也不苦惱。」

容易生氣的人，想要修身養性，如果不懂得先克制自己暴躁易怒的心，恐怕很難功德圓滿。

有個脾氣暴躁的年輕人，來到大德寺找一休和尚請益。

當一休和尚一踏進門，這個年輕人便急著對大師說：「禪師，我已經下定決心，從今天起絕對不與任何人吵架或打架了，就算有人對我吐痰，我也會默默地將它擦掉，絕對不會和那個人爭吵。」

一休和尚笑著說：「很好，不過當別人向你吐痰時，千萬別擦掉，讓它自然地在臉上風乾就好。」

這個年輕人一聽，心中有點不服氣地說：「這未免太強人所難了吧！讓這麼侮辱人的痰在臉上自行風乾，我可沒有那麼大的心胸啊！」

一休和尚搖了搖頭說：「這一點也不難啊！如果，你沒有跟別人發生糾紛，而對方卻仍然向你吐痰，那麼這種人根本就是一隻蒼蠅。你想，蒼蠅這種昆蟲一向目無法紀、肆無忌憚，無論你如何責罵牠也沒有用啊！所以，讓這種『蒼蠅人』吐了痰，一點也不會造成恥辱，那麼又何必爲這種沒有用的人動怒呢？」

年輕人聽完後，仍然一肚子疑問：「如果有人揮拳打我呢？」

禪師說：「以同樣的態度對待他！」

沒想到一休和尚話才剛說完，這個年輕人竟一拳揮了過來，重重地朝著禪師的大光頭上，猛地給了一拳。

這個年輕人很不以爲然地瞪著禪師，問說：「如何？我這麼揍您，難道您不生氣嗎？」

一休和尙若無其事地笑了笑，說：「哈！我的頭可是堅硬如石，你那麼用力出拳，恐怕傷到了手吧！痛不痛？」

年輕人見禪師一點也沒有惱怒的神情，態度極爲從容、優雅，一時間尷尬地說不出話來。

年輕人此刻才知道，一休和尙的偉大修養，自己根本望塵莫及。

聖經上說：「當有人打你的右臉時，請把你的左臉也靠過去！」

每個人都在談論如何修身養性，但眞要能夠像聖經或一休和尙一般的修養，恐怕非常人所及。

那麼，我們要如何才能有寬容的修養呢？

不用擔心，我們可以從最簡單與最基本的地方開始，一如吵架。爭吵的時候，通常是一方先動怒或動手，只要忍一忍，不理睬對方，把他當作一隻瘋狗，那麼不僅可以免去一場動粗的危機，說不定對方還會因爲你的退讓，而自覺慚愧，與你握手言合。

成功，一點也不難

你沒有親身經歷過，又如何能知道，原來辛苦的過程，只不過是比別人多走兩步路，多跌一次跤而已呢？

一個人是否有成就，就看在等待機會的同時，是否調整好自己的心態，是否做好迎接挑戰的準備。

每一條成功的路只適於一個人，即使路上留下前人的成功足跡，也沒有人的雙腳能完全吻合地踏上。

成功不像你想的那麼困難，只要有勇氣，一切沒問題。

有一位在康橋大學主修心理學的韓國留學生，每天到了下午茶的時間，都會和一些成功人士品茗、聊天。

在這些成功者的身上，總是散發著幽默風趣，重要的是他們對於自己的成就，都看得非常淡泊、自然。

在長時間相處之後，這位韓籍留學生發現，自己一直被國內的成功人士欺騙，那些人為了讓即將投入創業的人知難而退，個個都誇大創業的艱難，用自己成功的經歷，嚇唬那些還沒開始的新手。

這個韓國學生決定，要針對所有的成功人士做一項心理研究。

後來，他把「成功不像你想的那麼難」的畢業論文，交給經濟心理學的創始人威爾．布雷登教授。

教授閱讀完後，非常驚喜，認為這是一個新發現，因為這在當時並沒有人著手研究，而這個理論確實是世界各地普遍存在的現象。

布雷登在驚喜之餘，便寫信給他的校友，一位在當時韓國政界具有舉足輕重的人物——後來當上總統的朴正熙。

在信中，他推薦道：「雖然我不能保證這部著作對你有多大的幫助，不過我敢保證它比任何發佈的政令都震撼。」

沒想到這本書果然伴隨著韓國的經濟一塊兒起飛！

而那位韓國留學生的新觀念，更鼓舞許多人大膽創業，無懼置身環境的冷峻苛刻，勇敢走向屬於自己的成功大道。

他以一個全新的觀察、分析角度教導人們：「成功與勞苦沒有必然的關係，只要你對某件事物感興趣，心甘情願地長久堅持，就一定會成功，因爲這個過程會讓你重新啓動智慧，讓你有足夠的能力與時間，圓滿地完成夢想目標。」

當然，這位青年最後也獲得了輝煌的成功，輕鬆地坐上了韓國起亞汽車公司的總裁之位。

歌德說過：「不管你能做什麼，現在請開始做吧！」

我們都有自己的人生道路要走，成功者也不例外，但是，因爲人的獨特性，即使邁向相同的目標，所經歷的路徑也不盡相同，走的步伐和印下的足跡也不會是一模一樣的。

所以，聆聽別人辛苦的成功過程，並沒有多大的意義；正所謂「如人飲水冷暖自知」，你沒有親身經歷過，又如何能知道，原來辛苦的過程，只不過是比別人多走兩步路，多跌一次跤而已呢？

每個智慧都有一個冒險的經歷

面臨壓力和困境，習慣逃避的人往往不願考慮如何冒險取勝，當然就不會知道成功之後的幸福和感動。

英國詩人雪萊曾說：「過於珍愛自己羽毛的人，最後將失去兩隻翅膀，永遠不再能夠凌空飛翔。」

只要勇於冒險，問題都能解決，而且，在冒險的過程中，無疑是發現自己才能的最佳時機。

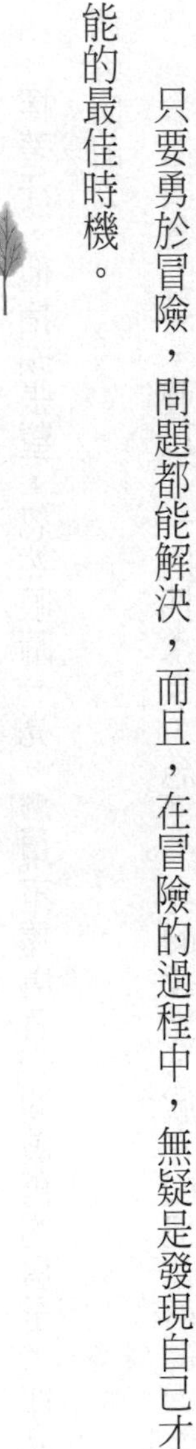

曾經有一個朋友到沙漠去探險，炙熱的天氣把他的方向感都搞亂了，渴得連

喉嚨都發不出聲，但四周除了黃沙還是黃沙，他只能拖著沉重的腳步，一步步的捱下去。

揮著汗，他抬頭張望，忽然眼睛一亮，發現不遠處有一間破舊的房子，他立刻奔向前去。

令他興奮的是，發現了一個抽水泵，忘了一身的疲憊，欣喜的他往前衝去，使盡了全力抽著水泵，卻因爲沒有引水，怎麼抽也抽不出來。

他沮喪的坐了下來，手順勢往下一擺，竟碰到一個水壺和一張便條紙，便條上寫著：「用這一壺水引水，引出水後，一定要再裝滿這壺水。」

他打開壺塞，裡面果然裝滿了水，只是他遲疑了：「眞的要把這救命水倒進那乾涸污濁的抽水機嗎？」

頓了一下，他轉個念頭，決定冒險一試。

於是，他把水倒進了水泵，開始使勁的抽水，不一會兒工夫，水眞的湧了出來。他開心地喝個飽足，接著將水壺裝滿，還在便條上加了幾句：「相信我，先置生死於度外，冒險一試，你才有機會品嘗泉水的甘甜。」

機會只留給懂得珍惜的人！

面臨壓力和困境，習慣逃避的人往往不願考慮如何冒險取勝，當然就不會知道成功之後的幸福和感動。

每一件事都需要冒險的因子，也得承受失敗的風險，但仍得勇敢前進，因爲人生最大的危險不是冒險，而是裹足不前。

從出生開始，我們一直都在冒險，而生活最大的享樂就是在難以預料的環境之中發現驚奇。

如果每一次行動尚未展開前，就開始退縮，或自尋煩惱地加重壓力碼，那就別再高談自己的夢想，因爲，一切都是你永遠不會實現的空想。所以別出聲，先行動了再說吧！

每個人都要有一項最出色的能力

只要能盡情發揮自己唯一的天分與能力，自然就能把自己生命最好的部分呈現出來。

俄國作家克雷洛夫曾經寫道：「喜歡嘲笑別人的人，無論看見什麼都要叫囂，但是，儘管走你的路吧，他們叫一會兒就會離開的。」

天生我材必有用，每個人至少都會有一個天生的強項。

某一年，德國一家電視台推出一個新節目，用極優渥的獎金徵選「十秒鐘驚險鏡頭」。

許多新聞工作者趨之若鶩，最後獲得冠軍的作品是一個取名為「臥倒」的畫面，而掌鏡者只是一位剛入行的年輕人。

幾個星期後，這個十秒鐘的作品在電視台的黃金時段播出。當天晚上，幾乎所有的德國人都守在電視機的前面，準備仔細觀看這個冠軍作品究竟好在哪裡，大家從等待、好奇到議論紛紛，最後每個人的眼裡都泛起了淚光。

這個畫面是，一個火車站上，有一個扳道工正走向自己的崗位，為即將到來的火車扳動道岔。就在這時，他無意間回過頭一看，發現自己的兒子正在鐵軌的另一端玩耍，而那個位置是正要進站的火車，準備行駛的軌道。

完全沒有時間可以猶豫的父親，在那一剎那間必須救兒子，也必須扳道才能避免一場災難。

就在那一刻，他威嚴地朝著兒子大喊：「臥倒！」

在叫喊的同時，他衝過去扳動火車的道岔。

在那千鈞一髮之際，火車進入了預定的軌道，而另一邊的火車也呼嘯而過，然而兩個車道上的旅客卻完全不知道，他們的生命剛才險些消失在瞬間，更不知道，當他們乘坐的火車轟鳴而過時，有個小生命正臥倒在鐵軌邊，而且毫髮未傷。

這一幕剛好被一位經過的記者看見，並拍攝了下來。

大家看完之後都猜測，這位扳道工人一定是位非常優秀的人才。直到記者再次登門拜訪後才知道，原來這位扳道工只是個平凡的老百姓，做的是最基層的職務，唯一值得一提的是，同事們都誇他忠於職守，每一個動作連一秒都沒有失誤過。

更令人吃驚的是，那個勇敢的小男孩是一個智能不足的孩子。

父親對記者說：「其實，我也不知道該怎麼教育他，只是一遍又一遍地告訴他說：『孩子，你長大後能做的事情實在太少了，所以你必須培養一項最出色的能力！』」

雖然兒子並不懂得父親的話，每天仍然傻呼呼地過日子，但是，在生命攸關的那一秒，他卻能快速地「臥倒」，而這個漂亮的動作，正是他和父親玩打仗遊戲時，唯一聽得懂，並且做得最出色的一個動作。

所謂的天才，多數只有一項最出色的天分，於是如此不凡。

當鏡頭下的喜憨兒，把被訓練出來的「臥倒」動作，出色地表現出來的時候，就明白告訴我們天分也是可以培養的，而且只需要一項最出色的能力。

能力不必多，生命有限，每個人的學習能力也有限，我們沒有辦法把所有的事情都攬在身上。我們只要能盡情發揮自己唯一的天分與能力，自然就能把自己生命最好的部分呈現出來。

如果平時不充實自己，凡事輕忽、不以爲意，即使有一百個機會找上門，照樣會眼睜睜看著這些機會從指縫中溜走。

尋找自己的生命價值

富翁的刻苦並不需要我們太過驚嘆與恭維，甚至是刻意學習，因為那是他們的生活方式，也是他們認定的生命價值。

希臘哲聖亞里斯多德曾經諷刺地說道：「人可以分為兩種，一種節省得好像要活到永遠，一種揮霍得好像明天就會死掉。」

勤儉是一種美德，但是若不能明白勤儉的眞諦，那麼不管你再怎麼用心節儉，你的財富也無法增加，而且還可能成爲吝嗇刻薄的人。

香港有一位知名的大亨，在中國出版了一本傳記，編撰的作者在書中極力地

讚揚大亨的節儉美德。作者說，這位大亨一雙皮鞋一穿就是十多年，破了一再地補丁；手上的瑞士錶也從來沒有換過，只有錶殼破了七次，修了七次；多年來，大亨的午餐也只吃一般便當……等等。

最後，作者也慣性地留下了一段省思的話語：「一個億萬富翁尚且如此，我們一般小老百姓怎能不更加刻苦耐勞呢？」

但是，有個相當不以爲然的讀者，卻從這本傳記中發現了一個破綻。

原來，這個大亨是個超級足球迷，有一年，美國舉辦世界杯足球賽之時，這位億萬富翁捉準了時間，在香港處理完工作之後，便乘著私人飛機到美國欣賞球賽，看完之後，才又立刻趕回香港辦公。

這位讀者將這些花費一一計算後，發現他花費的這些錢，足夠他購買幾千雙皮鞋與手錶呢！這位有趣的讀者，還發表了一篇文章，嘲諷地說：「其實，爲了看這場球賽，他到底花了多少錢，我也沒有算得很準確。但是，從中我可以確知一件事，那些辛苦過來大富翁，不管坐擁多少財富，仍能如此勤儉過日的原因，並不是眞的節儉，而是這樣的生活已經成爲他們的習慣。所以，我們不必自責，更無須對他們如此恭維。」

這是一個長年的習慣，還是因爲價值認定的不同？其實，許多有錢人的節儉習慣，不只是習慣而已，這其中還包含了他們對自己努力奮鬥後的珍惜。

因爲，只有他們自己知道，能夠成爲富翁之列，其中的意義與價值並不是金錢可以衡量的，能在食衣住行中儉約，卻願意花大把鈔票享受樂趣，這才是一個懂得生活的富翁能致富的原因。

我們常說，聰明的人不僅懂得玩，也懂得工作、讀書，那是因爲他們知道什麼時間工作最有效率，也知道什麼時間應該讓自己充分休息，並把流失的活力找回來。

當然，富翁的刻苦並不需要我們太過驚嘆與恭維，甚至是刻意學習，因爲那是他們的生活方式，也是他們認定的生命價值。但是，請仔細體會富翁們的這一切，他們清楚地知道自己的價值在哪裡，而你的呢？

猶豫越久，損失越多

因為一時的貪念，我們總會很貪心地小事不捨、大事不放，結果大小事全都攬在身上，最後也全都毀在自己的手中。

印度總理尼赫魯曾經說過一番膾炙人口的話：「在戰場上，一個人有時會戰勝一千個人，但只有戰勝自己的人，才是最偉大的勝利者。」

不能顧全大局、當機立斷做點小犧牲的人，往後必定要付出更大的代價，才能挽救這場危機。

在一個寒冷的早晨，有隻狐狸來到一個冰洞口喝水，忘了這個冰洞相當接近人類居住的地方。忽然，這隻粗心大意的狐狸在飲水時把尾巴弄濕了，一個不小心便使得尾巴凍結在冰柱上。

其實，這也沒什麼大不了，因為才剛沾上，狐狸仍然能夠輕易地脫身，牠只要忍住疼痛，用力地拉扯一下，犧牲幾十根尾毛，就可以在人類到來之前，趕快逃回家去。

但是，這隻狐狸卻害怕弄壞了金黃色的美麗尾巴，開始猶豫不決。牠考慮之後的決定是：「不行，還是再等一等吧！說不定人們還在睡夢中，也許等一下就會解凍了，那麼我的尾巴便可以完整地拔出來了。」

完全沒有決斷力的狐狸，就這麼一分一秒地等了下去，可是牠的尾巴卻不見解凍，反而黏貼得越來越緊實。

天漸漸亮了，人們的聲音也越來越大了。聽見人聲鼎沸的狐狸，這才開始緊張，瘋狂地掙扎，牠一會兒朝這邊拉扯，一會兒朝那邊賣力一衝，但是，不管如何用力，就是拔不出已完全冰凍在裡頭的尾巴。

忽然，有一隻狼從遠處跑了過來。狐狸見狀，連忙大聲喊道：「狼兄，我親愛的朋友，請您趕快救救我吧！我快完蛋啦！」

狼聽到了呼叫聲，停下了腳步，開始想辦法營救狐狸。

不過，狼朋友的方法卻十分簡單，那就是把狐狸的尾巴一口咬斷。

小時候，我們經常聽師長們說：「犧牲小我，完成大我。」

雖然這句話原來是用在對大環境的付出，但是運用在日常生活中，其實也是非常好的一句警語。

因爲一時的貪念，我們總會很貪心地小事不捨、大事不放，結果大小事全都攬在身上，最後也大小事全都毀在自己的手中。

當你不能顧全整個大局，捨不得幾根尾毛的犧牲時，最後你可能就得犧牲整個尾巴，才能換取活下去的機會。

其實，面對刻薄的人，試著寬容他們，做一點點退讓，並不會因此讓你失去什麼，反而在你退後一步時，整個人生的視野變得更加開闊。

以退為進能化解尷尬

當對手以激將法，要讓你惱羞成怒時，千萬別上當。只友先退一步，看清對手設下的陷阱，我們才能安全地繼續前進。

法國作家福萊曾經寫道：「一個不肯寬容別人的人，就是不給自己留餘地，因為，每一個人都有犯下過錯而需要別人寬容的時候。」

遇見爲難與尷尬的場面，我們不妨先退讓一步，雙方取得諒解之後，再繼續前進。

沈從文二十六歲那年，被聘請到中國公學校任教。

這位只唸過小學的大文豪，作品充滿飄逸的靈氣，具有天生的創作才情，作品一發表總會震動文壇，當時他在上海已經闖出不小的名氣。

但是，名氣與膽量不一定成正比。在他第一次走上講台時，教室內除了該班學生，還擠滿許多慕名而來的旁聽生。

教室裡安靜無聲，每個人都期待大作家的第一句話。沒想到沈從文此刻卻完全不出聲，靜靜地站在講台上約十分鐘。

終於，在他吐了口氣之後，正式開始上課。

不過，原本整整的一堂課，沈從文上了十分鐘就結束了，當然下課鐘聲也還沒響起。

這時，他拿起粉筆，在黑板上寫下：「今天是我第一次上課，人實在很多，所以我有點害怕。」

當句點劃下的那一刻，教室內響起掌聲與笑聲，因爲他的誠懇、憨直，惹得學生更加的喜愛與憐惜。

胡適知道這件事後，對於沈從文的坦言與率直，更是讚譽有加，他相信沈從文一定能勝任這分工作。

面對尷尬，有人喜歡以自嘲解套，有人則會以謙卑退守，這些方法皆可行，但是千萬不要無止境地退縮下去。

故事中，沈從文誠實地把自己的窘態說出來，反而更能讓人感受文人的率眞。當他放開師長的面子，退一步與學生溝通的同時，其實他是進一步縮短彼此的溝通的距離，讓同學感受到他的眞誠與親和力。

延伸到生活中，當對手以激將法，要讓你惱羞成怒時，我們千萬別上當。只有先退一步，看清對手設下的陷阱，我們才能安全地繼續前進。

白日夢做太多，小心變成惡夢

就算你找到了先知的錦囊，箇中玄機終究要靠自己參透，否則到了最後，你的美夢仍然只是曇花一現。

曾經獲得諾貝爾文學獎的蘇聯作家索忍尼辛曾說：「在你找到那結結實實的路徑之前，一定會有好多的泥寧要踩過去。」

不要把幻想誤認爲有機會實現的夢想，當「白日夢」成爲你的生活重心時，你的惡夢也將同步出現。

亞當斯很喜歡做白日夢，整天夢想著自己能遇上神仙，學會法術，讓自己天

天都能美夢成眞。於是，他每天到處求神問卜，希望能找到神仙，並且學會仙術。

有一天，他遇到了一位老人，老人對亞當斯說：「神仙之術不容易學會啊！不如這樣，我送你一個萬能的僕人吧！」

亞當斯一聽，心想：「這個主意也不錯啊！有一個萬能的僕人，一樣也能美夢成眞！」

老人接著又說：「雖然你要什麼，他都會給你，但是他有一個缺點，那就是你必須讓這個萬能的僕人不停地工作，一旦他停頓了下來，他就會失去控制，把你掐死！」

亞當斯聽了不以爲意，仍開心地說：「謝謝師父！」

因爲，他打從心裡認爲，要讓這個萬能的僕人不停地工作，實在是一件非常簡單的事。亞當斯告別老人之後，他的身後立刻有個聲音傳了出來：「主人，請開始命令我工作吧。」

「去給我蓋一棟別墅！」亞當斯頭也不回地說。

沒想到亞當斯的命令才剛說完不久，僕人就回來報告：「主人，我已經蓋好了，請給我下一分工作吧！不然，我會掐死你。」

從那一刻開始，亞當斯便從開心轉變爲痛苦，因爲他無時無刻都要想出一個點子，讓這個萬能的僕人去做，日以繼夜下來，疲於應付的亞當斯感到非常痛苦。最後，他只好逃回老人那兒，請求老人救救他。

老人微笑地看著亞當斯，一句話也沒說，只從他的頭上拔了根捲曲的頭髮，交給了亞當斯，要他把這根捲曲的頭髮交給僕人。

僕人拿到手後，一拉就直，然而當他交還給主人時，頭髮又捲了起來，於是萬能的僕人從此有了「做不完的事」，亞當斯也終於擺脫了這位萬能的僕人的威脅。

非常有趣的一則故事！爲了找到實現夢想的捷徑，我們每個人不也都像故事中的亞當斯一樣，不停地尋找成功的秘訣，希望找到不必累積實力、不用經過磨練，就能一步登天的法術。

不過，就算你找到了先知的錦囊，箇中玄機終究要靠自己參透，否則到了最後，有了「萬能僕人」卻不知如何運用，你的美夢仍然只是曇花一現。

每個人都應該要有一些夢想，偶爾做做白日夢雖不為過，但是，若把白日夢視為正途，或期待夢想能一蹴可幾，那麼你終究要嚐到苦果，一輩子都只能在不切實際的期望中度過。

懂得寬容，就能輕鬆溝通

溝通是一門學問，也是一項生活藝術，
多元地運用各種修辭，
不論是隱喻或形容等，
溝通將是妝點人生的最好裝飾。

讓自己的眼光變得更寬廣

困境和刻薄對於意志力堅定的人來說，就像石子路上的小石頭，而厄運，則是他們來到桃花源的必經道路。

貝多芬曾經寫道：「在困厄顛沛的困境，能堅定不移，甚至還感謝這個困境，這就是一個人真正令人欽佩的不凡之處。」

環境本身惡不惡劣並不決定我們快樂或不快樂，重點是我們用什麼心境面對自己所處的環境，以及我們是否具備衝出逆境，改變現狀的勇氣。

對週遭環境所採取的態度，正是一個人最好的推薦信，如果你想改變目前的環境，那麼就要先改變對事物的態度。

猶太裔的著名精神分析學家維克多．弗蘭克博士，曾經在納粹集中營裡飽受過凌辱。

在那個只有屠殺和血腥的地方，不可能看見人性和尊嚴，每一個屠夫在槍殺婦女、兒童和老人時，眼睛從來不眨一下。

生活充滿恐懼的弗蘭克，內心自然產生極大的精神壓力，每當看著集中營裡發瘋的人們，他的內心更是飽受煎熬。

幾乎也快失控的弗蘭克，有一天便告訴自己：「如果我不再控制好自己的精神，我也要陷入精神失常的厄運。」

這天，弗蘭克隨著長長的隊伍，來到集中營的工地中勞動。行進過程中，他的腦海不斷地產生幻覺，一會兒想「晚上恐怕不能活著回來」，或「今天能吃到晚餐嗎？」

工作一半，當鞋帶斷了，他又擔心這其中是不是有什麼不祥預兆。思緒非常混亂的弗蘭克，幾乎要失控了，內心充滿不安的他，對生活與生命開始產生厭倦。

爲了鎭定心智，弗蘭克讓自己不斷地冥想。他開始想像自己，正處在一個明亮而寬敞的教室中，並且正精神飽滿地發表演說。

當他閉上眼睛之時，忽然感覺到一陣舒暢，臉上也慢慢地浮現了笑容，那是弗蘭克久違的笑容。

此時，他高興地告訴自己：「太好了，只要保持這種狀態，我就不會死在集中營，我一定能夠活著走出去。」

後來，當他眞的從集中營走出來的時候，朋友們看到他的模樣，都感到非常驚訝，因爲在弗蘭克的臉上沒有留下受過煎熬的痕跡，反而全身都散發著年輕活力。

美國作家愛默生曾經說：「一個人抱持怎樣心態，他就是怎樣的人；一個人表現出怎樣行為，他也就是怎樣的人。」

像維克多．弗蘭克一樣，面對再不堪的際遇，都要讓自己的生命之眼變得更爲寬廣，唯有如此，我們才能看見自己的未來，也才能用堅定的意志力，讓自己面對每一個難關之時都越挫越勇。

困境，對於意志力堅定的人來說，就像石子路上的小石頭，一點也不會造成行進的阻礙，反而能從中尋得脫困的機會。

而厄運，則是他們來到桃花源的必經道路，因爲他們知道，只要自己充滿勇氣勇敢穿過，便能來到成功的花圃。

譁眾取寵的人容易自曝其短

謙虛內斂的人總是讓人欽服，太過刻意地營造自己的不平凡，反而更容易讓人發現你的缺陷和致命傷。

只會一味地取悅他人的人，只想虛榮地表現自己不平凡的人，不管他的才華多麼卓越，最後都將因過分地譁眾取寵，而失去自己的獨特性。

一九四四年十月，美國經過了一場血戰，才從日本人的手中奪回了菲律賓群島，而移往澳洲四年的太平洋戰區司令部，也正準備遷回該島。

毫無疑問的，遷師之日將被視爲太平洋戰爭的一項里程碑，更是全世界矚目的焦點。而身為戰區總司令的麥克阿瑟則更是激動，決定藉著這次勝利，炫耀自己的威武雄姿。

十月二十日這天，在雷特島的海灘上，果然站滿了翹首期待的人群。

接近中午時，麥克阿瑟將軍的專機終於出現在海際，而激動的人群也張大了嘴巴，準備高聲歡呼。

然而，就在這個時候，飛機卻在半空中停頓了一下，接著竟然停落在距離岸邊還有一百米的海面上。

當大家正想搞清楚發生什麼事的時候，突然，機門開啓，一個熟悉的身軀出現，嘴上還悠然地啣著煙斗，肩上五顆將星在陽光下閃閃動人，而這位將軍站在廣闊的海面上，更顯得神秘與自信。

麥克阿瑟將軍完全無視於腳下的海水，他緩緩地走下了舷梯，只是等他站定後，海水也已淹沒到他的腰際。

只見他嘴角微微地動了一下，原本掛在臉上的笑容忽然沉了下來，只剩下露出水面的上半身，開始在一片靜默聲中慢慢前進。

當麥克阿瑟將軍一隻腳踏上了岸，便立刻振臂高呼：「勝利的彼岸，我們回來了！」

這時，群衆們才猛然想起自己到這兒來的目的，於是紛紛跟著呼喊，一時之間歡聲雷動。

這就是麥克阿瑟將軍費盡心思的傑作，他把飛機降落在及膝的海面上，然後涉水登岸，藉以象徵在他的率領下，美軍從海上保衛戰轉爲向日本本土的進攻戰。

雖然將軍的魅力果然不同凡響，但是當大家激情過後，卻發現將軍已濕透下半身的模樣頗爲滑稽可笑，反而像是打了一場敗仗的逃兵。

之所以會造成這個情況，是因爲潮汐的變化，海水由預估只到膝蓋的深度，忽然間漲到了腰際！

即使麥克阿瑟將軍在歷史上已有一定的地位，但是，當他溼透了全身，並刻意地製造天神降臨般的威勢時，人類的愚昧與無知，全被他大剌剌地表現出來了。

一個只想著譁衆取寵的人，不管他多有才華，也不管他有多麼崇高的身分地位，終究要因過度的表現而自曝其短。

那麼，要如何表現出自己的獨特之處呢？

用最平實的方法表現吧！

大智若愚的人經常給人驚艷，謙虛內斂的人總是讓人欽服，太過刻意地營造自己的不平凡，反而更容易讓人發現你的缺陷和致命傷。

有付出就必定有收穫

與人相處時以和樂、互助為原則，凡事肯付出而不期望回報，人們自然會以他們待人的方式與其互動。

作家穆尼爾．素納夫曾經寫道：「生活中，諒解可以產生奇蹟，諒解猶如一個火把，能照亮由焦慮、怨恨和復仇心裡鋪就的道路。」

地球是圓的，人與人之間的互動也是圓的，無論我們用何種方式和態度與人相處，對方也會以相同的方式回應。

多年前，有兩個貧窮的孩子考進史丹福大學，為了賺取生活費與學費，他們

兩人都開始半工半讀。

有一次，他們想到一個賺錢方法：找一位著名的鋼琴家，提出代辦個人音樂會的企劃，希望從中賺得更多的生活費。

他們找到的這位鋼琴大師是伊格納．帕德魯斯基。帕德魯斯基的經紀人便與兩位年輕人洽談，並提出大師的表演酬勞是二千美元。雖然這筆錢對這位鋼琴大師來說，是一個相當合理的演出價碼，但是，對這兩個年輕人來說卻無疑是個大數目，如果他們收入不到二千美元，肯定是要虧本了。

最後，兩個信心滿滿的年輕人答應了，立刻開始拚命工作，直到音樂會圓滿結束。但整理帳目之後，他們發現只賺了一千六百美元。第二天，兩個人懷著忐忑的心情，來到鋼琴大師的家。他們把一千六百美元全部給了帕德魯斯基，還附了一張四百美元的支票，承諾很快便會把四百美元還清。

忽然，帕德魯斯基揮手說：「不必了，孩子們。」

只見他把四百美元的支票撕碎，接著把一千六百美元遞給他們，並笑著說：「從這筆錢裡扣除你們的生活費和學費吧！再從剩下的錢裡拿出百分之十作爲你們的酬勞，其餘的才歸我。」

兩個孩子感動地看著鋼琴大師。

經過多年之後，第一次世界大戰結束，帕德魯斯基當上了波蘭的總理，經過戰爭衝擊，國內成千上萬的飢民不斷呼救，身爲總理的他，爲了解決基本民生，四處奔波。

於是，帕德魯斯基找上美國食品與救濟署的署長赫伯特．胡佛，懇請他伸出援手。赫伯特．胡佛接到消息後，毫不猶豫地答應了。不久，上萬噸食品運送到波蘭，也讓波蘭飢民度過了另一場劫難。

於是，帕德魯斯基總理爲了感謝赫伯特．胡佛，與他相約在巴黎見面，以親自表達謝意。

見面時，赫伯特．胡佛說：「不用謝謝我，因爲我還要謝謝您呢！帕德魯斯基總理，有件事您也許早就忘了，不過，我卻忘不了啊！還記得有一年，你幫助過兩位窮大學生嗎？其中一個受惠者，就是我。」

行善而不求回報的人，反而經常能夠得到意料之外的回饋，這是因果循環的自然定律。

心地良善的人，面對人生流程中的艱苦與喜樂，都會以平常心面對。他們與人相處時更以和樂、互助爲原則，凡事肯付出而不期望回報，人們自然會以他們待人的方式與其互動。

於是，接收恩惠的人，因爲這分眞誠與無所求而備感壓力，隨時等著回報的機會。

而回報的最佳時機，也往往是施捨者最困難的時候，一切是如此自然的律動，奇蹟也是在最自然、最非常的時刻發生。

沒有人不希望得到別人的幫助，沒有人會渴望彼此爭鬥；我們應以性善爲終極目標，讓必須群居的你我，在彼此互助合作的互動中，生活充滿更多美麗的色彩。

逆境是上天恩賜的禮物

如果，你渴望有個精采人生，就不要畏懼「艱苦」與「困難」的到來，那些正是你成就非凡人生的重要墊腳石！

法蘭西斯．培根曾說：「在順境中也有可怕與不如意的事；在逆境裡，又未嘗沒有慰藉和希望。」

人應該用笑臉來迎接眼前不如己意的人事物，如此一來才會激發創造希望的力量，讓自己的生命發出光量。

世界級的小提琴大師帕格尼，自小琴藝天分便展露無遺，不過即使是個音樂

奇才，帕格尼從小也經歷了各種艱難和困苦。自四歲的一場麻疹開始，帕格尼幾乎是在病痛中成長；七歲那年，他差點死於猩紅熱；十三歲時則罹患肺炎，必須大量放血治療；四十歲時，因爲牙床突然發膿，幾乎拔掉所有的牙齒。接著，牙床才剛康復，他的眼睛卻感染可怕的傳染疾病。

不幸的事接二連三，五十歲之後，帕格尼在關節炎、腸道炎與結核等病痛中辛苦生活，這些可怕的災難惡狠狠地吞噬著他的生命。有一天，他忽然吐了口鮮血，沒多久便結束了生命。然而，被折磨了五十七個年頭，連死後老天爺仍然不放過他，他的遺體經歷了八次搬遷，最後總算入土爲安。

面對這些病痛，帕格尼從小習慣把自己囚禁。他從三歲開始便經常躲在房裡練琴，而且一練就是十二個小時。十二歲時，他舉辦了首場個人音樂會，而且一舉成名。日後，他的琴聲遍及歐洲各個角落，歌德曾讚美他的琴音是：「在他的琴弦上，不知道充滿了多少靈魂。」

十三歲開始，他便過著流浪的生活，雖然他曾經與五個女人有過感情糾葛，但是卻一直都得不到眞愛，他說：「在我的生命裡，只有小提琴這個唯一的兒子。」

而李斯特在聽過他琴音時的驚呼，最能道出大師創作出來的生命樂章：「天哪！在這四根琴弦裡，不知道包含了多少苦難、傷痛和受到殘害的靈魂啊！」生活艱困而生命堅強的小提琴大師帕格尼，在李斯特的嘆息聲中，更顯得光芒萬丈！

上天賦予我們生命，便有其存在的價值與目的，即使附加許多難以承受的苦難，在這些困頓的環境裡，我們也會品嚐到其中的甘甜與美好。

就像帕格尼一樣，以自己堅強的生命力，發展他獨特的音樂天分，更以難得的經歷，創作出撼動人心的樂章。

在身體殘缺者的身上或絕症患者的眼神中，我們不斷地看見生命的活力，更發現令人驚異的堅強毅力。如果，你期望自己能夠有個不平凡的生活，渴望有個精采人生，就不要畏懼「艱苦」與「困難」的到來，因爲，那些折磨，正是你成就非凡人生的重要墊腳石！

逆境中是你發現智慧的好時機

在人生求勝的過程裡，只有失敗過的人，才知道解決的方法，也唯有經歷過挫折的人，才懂得越挫越勇的美妙。

機會往往在意想不到的時候降臨，也常常在最艱困的時候降臨，只有懂得珍惜的人才能掌握契機。

聰明的人知道，在每個挫折之中，都會有生命的啓發；擁抱失意，才能將智慧之門開啓。

美國當代畫家路西歐·方達，早期在創作油畫時，遇到一個大挫折，心中也留下一個烙痕，之後他的創作過程一直很不順心。

有一天，他站在畫布前，呆呆望著畫布許久，因爲他完全不知道自己究竟要如何下筆。

突然，他丟下畫筆，拿起一把刀子，把畫布用力割破。

就在畫布「嘶」地一聲破裂剎那間，路西歐腦海也閃過一個念頭：「把畫布割破，算不算也是一種創作呢？」

於是，他把所有畫布找出來，一一用刀子割破，而這一割，居然讓他開創出一個新的藝術視野。後來，他還舉辦了一場展覽會，從此路西歐便成爲當代最具代表性的藝術家之一。

他就像「被蘋果打中的牛頓」，因爲被失敗的蘋果擊中，他們才會有驚人的頓悟與成就。

在人生求勝的過程裡，只有失敗過的人，才知道解決的方法，也唯有經歷過挫折的人，才懂得越挫越勇的美妙。

歌德說過，當人們越靠近目標的時候，困難也會越來越多。

當我們能夠通過每一個逆境，能夠搬開每一顆絆腳石時，便朝著目標更進一步。所以，有挫折不必抱怨，遭到譏笑辱罵也不必在意，反而是一帆風順的人得小心，萬一危險突然出現時，是否有應變解決的能力。

每個人經歷挫折的時間不會相同，而剎那間醒悟的感動，卻是每個人都相同；這個「一剎那」，只有親身經歷過的人才會明瞭。

懂得寬容，就能輕鬆溝通

溝通是一門學問，也是一項生活藝術，多元地運用各種修辭，不論是隱喻或形容等，溝通將是妝點人生的最好裝飾。

莎士比亞曾經寫道：「為了一件小事爭辯，往往會使這件小事顯得格外重大，甚至會讓你惱羞成怒。」

其實，寬容是抑制惱怒的最好方式，因爲，當你學會寬容的智慧，你就不會爲了別人的尖酸刻薄而發怒抓狂。

如果我們的言語貧乏，對事物也只是一知半解，在此情況下，千萬別出聲，安靜一點會比較安全。萬一不得已必須據理力爭，也應該以輕鬆幽默的方式來表達自己對於某些立場的堅持。

一九四六年五月，國際軍事法庭審判日本一級戰犯時，有十位參與國的法官們在還未開始前，就因法庭座次的排列問題，展開了一場爭論。

中國的法官一直以來都是排在庭長左邊的第二位，但是，這次卻因爲國力減弱，受到列強打壓、排擠，被要求更改座位。在這種不合理情況下，代表出席的中國法官梅汝敖，便與列強的法官們展開了一場舌戰。

梅法官說：「座位的排次，理應按日本投降時，各國簽字的排列順序來安排，才是最正確的原則。當然，各位若不贊成這個方法，我提議，不如找個體重測量器來，以個人體重的大小排定順序，以最重者居中，而體重較輕的人坐旁邊。」

當這個提議一說出來，各國法官都忍不住笑了起來。這時，庭長笑著說：「你的建議很好，不過，這個方法似乎只適用於拳擊比賽吧！」

梅法官接著說：「如果你們不以受降國的簽字順序排列，那就以體重來區分吧！這樣一來，即使我被安排在最角落的位置也心甘情願，也才不會被國人責難。

如果有人對我坐的位置有意見，那他們可以再派一位比我肥胖的人來交換。」

這些回答，令在場人士大笑不已。以輕鬆的回答解決爭議，梅法官在國際法庭上據理力爭，不僅坐定了自己的位置，也爲國家、民族爭取到應有的尊嚴。

面對蠻橫不講理的人，有時候把話轉個彎，立場便能如梅汝敖法官一樣輕鬆地堅持。

在雙方進行溝通時，許多人總是一味以面紅耳赤的方式據理力爭，然而，這不僅無法解決事情，反而常常把問題越鬧越大，到最後反而成了非理性的論辯或謾罵。很多時候，不要過分堅持己見，因爲每個人站立的角度不同，加上生活、成長背景的差異，一定會有不同的觀念。

我們不妨學會先傾聽，慢慢找出對方的缺漏，再依著他們的性情，給予不同角度的解析與理性的說服。溝通是一門學問，也是一項生活藝術，以寬闊的心胸，多元地運用各種修辭，不論是隱喻或形容等，才是妝點人生的最好裝飾。

用心經營自己的人際關係

希望擁有更多的「老顧客」，便要用心觀察他們的需求，真心誠意地交往，彼此就不會有衝突和矛盾發生。

經營人際關係，其實沒有想像中那麼困難。像老婆爲了守住老公的心一樣，多花些心思與創意，滿足老公的胃，就能溫暖他的心，守住他的人；和別人交往的道理也是如此，能夠捉住對方的心，彼此的友誼才能長長久久地經營下去。

經濟大恐慌期間，日本有許多中小企業都受到嚴重波及，紛紛面臨了破產的命運。

有一家醬菜店也深受不景氣影響，老闆雖然勉強經營，卻是舉步維艱。

他很不甘心，心想：「努力了大半輩子，不能就這麼放棄。」

於是，他開始拼命研究如何讓購買力降低，卻日益挑剔的客人們，願意繼續照顧他的生意。

有一天，他想到一個絕妙的方法。

老闆跑到蘋果的產地，訂購了一批蘋果，並在尚未成熟的蘋果上貼了一個標籤，等紅蘋果成熟時撕下標籤紙，於是在水果身上便會留下一片空白，老闆便在這個空白處發揮創意呢！

當周邊的醬菜店紛紛倒閉，只有這家醬菜店的銷售量大增，每天都顧客盈門，最後還擴大生產，供不應求。

那醬菜店老闆的成功秘訣究竟是什麼？

就是蘋果身上的創意，原來每次他都會從客戶名單中挑出二百名客人，把他們的名字寫在透明的標籤紙上，並貼在蘋果的空白處，然後隨貨品一起送給客人。

每當客戶收到這些蘋果時，都充滿驚奇與感動，他們沒有想到老闆竟如此細心與用心。

醬菜店老闆的這個小動作，其實花費不多，但是當每位客人接到這分小禮物時，心中都非常感動，更甚於贈送一箱醬菜的價值。

因爲這富有人情味的蘋果，使得客戶們深刻記住了這間醬菜店，只要蘋果的盛產期一到，主顧們便會想起：「該是訂購醬菜的時候了。」

思想家泰倫底馬斯曾經說過一番値得再三咀嚼的話：「你可能做不到你想做到的一切，但是，你絕對可以做到你希望做到的一切。」

很多人常常埋怨景氣太差，覺得別人狗眼看人低，抱怨自己欠缺大展身手的機會，但是事實眞的是這樣嗎？

看完這個故事，或許我們已經知道答案。

別小看這幾顆蘋果的功效，這不僅是老闆的創意與關懷，更是他經商智慧的高度展現。

所謂消費心理，其實就是讓顧客有親切感，當我們與銷售員交流的時候，銷售員的態度正是我們最在意的第一件事；態度親切，懂得投顧客所好，業績自然能蒸蒸日上。

同樣的，在人際交往過程，如果你希望擁有更多的「老顧客」，便要用心觀察他們的需求，眞心誠意地與他們交往，彼此就會充滿關心與愛心，而不會有衝突和矛盾發生。

太過固執，會讓你找不到出路

你是不是一味堅持走直路，寧可硬碰硬而不肯跨上通往目的地的那座橋？

日常生活中，你是按照自己的價值觀生活，還是一字不漏地遵從專家的命令，按著指令盲目地生活？

如果一切都不是你自動自發的，一旦專家忘了發號施令，那麼，你的人生也將到此結束！

有一天，東郭先生派了三個弟子到襄陽去。

當東郭先生送他們到路口時，說道：「從這兒往南走，全是暢通的大道，你們沿著這條道路走就對了，別走岔路啊！」

這三個弟子分別是左野、焦茗和南宮無忌，他們三個人向南走了五十多里時，卻遇上了一條大河流，橫在老師指示的正前方。他們左右觀察了一下，發現沿河走半里左右，便有一座橋可行。

這時，南宮無忌說：「那兒有座橋，我們從那兒過河吧！」

但是，左野這時卻皺著眉頭說：「這怎麼行？老師要我們一直往南走啊！我們怎麼能走彎路呢？這不過是個水流罷了，沒什麼可怕的。」

說完之後，三個人互相扶持，一起涉河而過，由於水流相當湍急，好幾次他們都險些葬身河底。

雖然全身都溼透了，但也總算安全地過河了，他們繼續趕路，又往南走了一百多里時，再次遇上了阻礙。

這回，他們遇到一堵牆，擋住了前進的道路。

這次，南宮無忌不再聽其他兩個人的意見了，他堅持地說：「我們還是繞道走吧！」

但是，左野和焦茗卻固執地說：「不行，我們要遵循老師的教導，絕不違背，因爲我們一定能無往不利。」

於是，焦茗和左野朝著牆面撞去，只聽見「碰」地一聲，兩個人猛烈地彈倒在地上。南宮無忌惱怒地說：「才多走半里路而已，你們幹嘛不考慮呢？」

東野說：「不，我就算死在這裡也不後悔，與其違背師命而苟且偷生，不如因爲遵從師命而死！」

焦茗也附和地說：「我也是，如果違背老師的話，就是背叛者。」兩個人話說完，便相互攙扶，奮力地往牆面撞了上去，南宮無忌想擋也擋不住，於是他們兩個人就這麼撞死在牆下了。

在人際交往的過程中，思考不能變通與轉彎的人，只會陷在死胡同中，永遠找不到自己的出路。

不知變通的人，不僅無法寬容別人，更糟糕的是還會害人又害己。現實生活中的應對進退之道也是如此，若不想讓故事中的蠢事發生，那麼面對刻薄的人的時候就多繞幾個圈，別老是鑽牛角尖。

當你在死胡同裡繞不出路時，先定下心想想，你是不是一味堅持走直路，寧可硬碰硬而不肯跨上通往目的地的那座橋？

積極經營自己的生命

學習伍登在每天睡前的激勵法，
告訴自己：「我今天表現得最好，
明天也會如此，後天也是，永遠都是！」

機會只留給懂得珍惜的人

當天時、地利與人和齊備的時候，只要投入充足的毅力與努力，成功的位置我們就能坐得更安穩、更持久。

大仲馬曾在《三劍客》裡寫道：「當幸運之神向你伸出雙手的那一剎那，你若是有了輕慢之心，那麼，祂將會立即收回祂的手。」

每個人都有好運降臨的時候，至於是否有緣領受，全看自己用什麼態度面對眼前的契機。

如果面對絕佳機會卻不知把握，不願竭盡心力爭取，甚至怠惰、傲慢、自以為是，最後的結果必然錯失良機，眼巴巴看著別人享受成功的果實。像這樣不知道珍惜，只會糟蹋機會的人，又有什麼資格抱怨命運對自己不公呢？

在里約的一個貧民區裡，曾經有一個很喜歡足球的男孩，但是，由於家境清寒，這個男孩便只能從垃圾箱中撿來椰子殼、汽水罐……等等，學習踢足球的技巧。

有一天，男孩來到一個已經乾涸的水塘中玩耍，在他的腳下，正要玩著一個大豬蹄。

這時，恰巧有個足球教練經過，發現男孩踢豬蹄的腳力很強，於是，便好奇地問男孩爲什麼要踢這個豬蹄。

男孩瞪大了眼說：「我在踢足球，不是踢豬蹄！」

教練一聽完，笑了笑，說道：「豬蹄不適合，我送你一顆足球吧！」

男孩開心地拿到了足球，每天更賣力地練習，逐漸的，已經能夠精準地把球踢進十公尺外的水桶中。

到了耶誕節的那天，男孩對媽媽說：「媽咪，我們沒有錢買聖誕禮物給那位送我足球的好心人，不如這樣，今天晚上祈禱的時候，我們一起爲他祝禱吧！」

男孩與媽媽禱告完畢後，向媽媽要了一個剷子，便跑了出去。

只見男孩來到一個別墅的花圃中，努力挖出一個凹洞，就在他快要完成時，有個人走過來，問他在做什麼。

男孩抬起紅通通的臉，甩了甩臉上的汗珠，開心地說：「教練，耶誕節我沒有禮物送給您，只好幫您挖一個聖誕樹坑。」

教練哈哈大笑地看著男孩，說：「孩子，我今天得到世界上最好的禮物，你明天到我的訓練場吧！」

三年後，這位十七歲的男孩在第六屆世界杯足球賽上，一人獨進二十一顆球，爲巴西捧回第一個金杯。

這位男孩正是今日世人熟悉的足球巨星，球王比利。

西班牙作家加爾多斯曾經寫道：「好運不會直接降臨在你等候的路上，它必

須先經過一段曲折坎坷的道路後，才會出現在你面前。」

看著比利練習足球時的投入，不管腳下踢的東西是什麼，他都堅持是「足球」的精神，就能預言他的未來必定會成功；即使沒有遇上這位足球教練，他也都會是未來的足球巨星。

故事中的比利，因爲目標明確，讓他有超強的毅力；因爲知道感恩，使他走向成功的路途上，遇到貴人和機會比別人更多。

球王比利成名的故事，無疑告訴我們，當天時、地利與人和齊備的時候，只要投入充足的毅力與努力，不恃寵而驕，成功的位置我們就能坐得更安穩、更持久。

積極經營自己的生命

學習伍登在每天睡前的激勵法，告訴自己：「我今天表現得最好，明天也會如此，後天也是，永遠都是！」

有位哲人勸誡我們：「把今天視為生命的最後一天來生活！」這不是悲觀消極的想法，而是要我們以更達觀的態度面對世事，拋開人際的糾葛，積極地經營自己生命中的每一天。

伍登是美國有史以來，最成功的籃球教練，同時他也是一位充分運用「自我暗示」的力量，讓自己成功的佼佼者。

當伍登還是個小男孩的時候，他的父親便時常對他說：「讓每一天都成爲你的最佳傑作！」

伍登時時刻刻都記著父親留給他的這句話，不管颳風或下雨，這句話讓伍登的每一天都充滿了活力，而且沒有一天例外。即使是生病了，在他的臉上仍然看不出一點病態，全身上下永遠充滿了活力的色彩！

伍登在加州大學洛杉磯分校擔任籃球教練時，十二年之內總共榮獲了十次的全國冠軍。當人們問他如何創造這樣輝煌的戰果時，伍登回答說：「我和我的球員，每天都會經歷一個『自我暗示』的過程，而且十二年來從不間斷。」

「什麼叫自我暗示？」人們好奇地問。

伍登說：「每天晚上睡覺之前，我都會對自己說：『我今天表現得最好，明天也會如此，後天也是，永遠都是！』」

人們訝異地問：「只是這樣而已嗎？」

伍登接著用斬釘截鐵地口吻，對著他們說：「讓每一天成爲你的最佳傑作，這就是最有效的成功方法。」

伍登運用自我暗示的方法，每天不斷地激發自己的潛能，這也正是許多心理專家一再強調的「潛意識」。「每一天」都是伍登的最佳傑作，因為在每一天的開始，潛意識便會釋放出「我今天一定會表現得非常好」的能量，讓伍登能夠樂觀而自信地經營每一個「今天」。

樂觀與積極是自我暗示最重要的導引，只要相信自己，就沒有什麼事是不可能的；只要相信自己，就能夠充滿勇氣地把雙腳跨出去，機會隨時都將現身迎接。從今天開始，學習伍登在每天睡前的激勵法，告訴自己：「我今天表現得最好，明天也會如此，後天也是，永遠都是！」

作家薩帕林娜曾說：「只有不斷地追求探索，永遠不滿足於已取得的成績的人，生活才是美滿的、有價值的。」人生過程中，所有發生在我們身上的順境或逆境，其實都隨著我們面對的態度在改變。態度正是改變不如意際遇的關鍵因素，遇到層出不窮的各種障礙，如果你願意試著改變，就會有不一樣的發展。

你是沒有機會，還是沒有準備？

機會永遠只留給有準備的人，所以每當我們在抱怨運氣不佳的時候，不要只顧著埋怨別人不給自己機會。

法國文豪巴爾札克曾經寫道：「世上所有德性高尚的聖人，都能忍受凡人的刻薄和侮辱。」

其實，有時候，刻薄的人，比那些表面迎逢你的人更有用處，因爲，他們的話語雖然尖酸，但卻句句是實話，他們的行爲雖然刻薄，但卻可以當作負面借鏡，讓你學到寬容的處世智慧。

當我們抱怨別人不給自己機會之前，何不先審視自己的能力，當機會眞的來臨，你能大聲地說「我沒問題」嗎？

抱怨別人對自己刻薄，只會讓我們的內心充滿苦惱，但是懊惱歸懊惱，機會仍然要與你說再見。

阿明和幾個朋友聚餐，每個人都大發牢騷，感嘆生活中的不順遂，抱怨自己的機運太差或機會太少。

這時，有位學長對他們說了一個自己的故事。

這位學長剛畢業的那年，很快就找到工作，但是過沒多久，他便開始對工作產生倦怠。

當時，心情不好的學長，爲了紓解自己的情緒和壓力，常常會帶著魚竿到湖邊釣魚。但是，換了好幾個地方，他都沒有獲得好成績。於是，他的魚簍子越換越小，最後只見他拎著一把釣竿和魚餌就出門了。

有一天，釣魚技術不如他的同事老王，約他一同去釣魚，老王拿了一個大魚簍，當他看見學長幾乎兩手空空，便塞給他一個小魚簍。

學長搖了搖手，對老王說道：「不用啦，我每次都釣不到兩條魚，用手拿就夠了。」

但是沒想到，這天卻出乎意料，他們竟然遇上了豐富的魚群，魚餌幾乎都來不及裝，那些大魚小魚可說是一條接著一條地甩上岸。

學長的魚餌很快就用光了，幸虧老王帶了許多魚餌來。

學長看著老王裝得滿滿的大魚簍，自己只能用柳條綁住幾條，不得不放棄仍在地上活蹦亂跳的魚兒，爲此懊惱不已。

當大家聽完學長的故事時，什麼感想也沒有，反而扯開話題，嘲笑學長都三十五歲了，還想考研究所，未免太晚了。

幾年之後大家再次聚會，有人苦撐著小生意，有人勉強自己在不喜歡的工作環境中苦悶度日。至於學長，知道訊息的朋友們說，他不僅拿到博士學位，現在更是許多公司挖角的對象。

當大家羨慕之際，阿明這才想起學長說的那個「魚簍子」故事，原來是有特別涵義的！

這個故事的涵義是什麼呢？

欠缺機會，通常只是沒有勇氣改變現狀的人的藉口而已。很多時候，並不是沒有機會，而是沒有準備，或是糟蹋機會。

我們總是怪東怪西，卻從來不怪自己。

機會永遠只留給有準備的人，所以每當我們在抱怨運氣不佳的時候，不要只顧著埋怨別人不給自己機會，看一看自己的魚簍是否夠大，有沒有破洞；也許不是池塘裡的魚兒太小或魚群不多，才裝不滿你的魚簍，而是你的簍子破了大洞，讓魚兒全溜走了。

釣魚的工具準備齊全了嗎？

工具不怕多，就怕魚群來的時候，你正好缺了一個魚簍子。

機會是不會留給害怕冒險的人

機會只會留給勇於冒險的人，那些只顧著害怕擔心的人，即使機會送到他們的面前，仍將白白浪費。

你花在「擔心」的時間，比「行動」的時間多嗎？如果一切都還沒有開始，你卻花那麼多的時間去害怕和恐懼，似乎一點作用也沒有吧！

有兩個住在鄉下的年輕人決定出外打工，一個準備到上海，另一個則要到北京去。兩個人同時坐在大廳等車，這時在他們的耳邊，不時傳來人們的議論，有

人說：「上海人可精明了，連外地人問路都要收費呢！」

另外有人說：「聽說北京人比較有人情味，看見沒飯吃的人，不僅會送饅頭給他吃，甚至還會送衣服呢！」

準備到上海打拚的年輕人，聽到人們這麼說，想了想：「幸虧還沒上車，到北京好了，反正掙不到錢也不會餓死。」

而另一位準備上北京去的年輕人卻這麼想：「還是到上海去，居然給人帶路也能賺錢，在那裡一定有很多賺錢的方法；幸虧還沒上車，不然我可失去發財的機會了。」

兩個人同時來到退票處，相互詢問之後，剛好可以互相交換車票，分別前往北京和上海。

來到北京，果然如人們傳言的那樣，年輕人初到北京的一個月裡，什麼事都沒做，卻每天都能飽餐一頓。

他在銀行的大廳喝免費的白開水，在賣場裡有免費試吃，生活就這麼日復一日地度過。

而來到上海的青年，發現上海果然到處都有賺錢的機會，不僅帶路有錢，看廁所也有錢，甚至拿盆水給人也有錢賺，只要腦子多轉轉，再花點力氣，到處都有錢可以賺。

憑著鄉下人對泥土的感情和認識，第二天起，他便在建築工地，向工頭要了十包含有沙子和樹葉的廢土，經過處理包裝後，他以「盆栽土」之名，向上海人兜售。

喜歡花朵卻連塊泥地都難得看見的上海人，發現這個新鮮的玩意兒，不禁上前詢問價錢；當天，他在城郊間就往返了六趟，淨賺了五十塊錢。

一年後，他憑著販售「盆栽土」，在上海買下了一間小店面。

有一天，他走在街弄裡，忽然發現許多商店樓面很亮麗，但是招牌卻又髒又黑；經過打聽之後，他才知道那些清潔公司只負責清洗門面，卻不負責擦洗招牌。

於是，聰明的他立即買了梯子、水桶和抹布，成立一個小型的清潔公司，專門負責擦洗店家的招牌。

如今，他的公司已經小有規模，有一百五十位員工，業務也由上海發展到杭州和南京。

這天他搭乘火車，準備到北京考察市場，當他來到北京車站時，有個拾荒者把頭伸進車窗，向他要了一個啤酒罐。就在遞拿瓶子的時候，兩個人相互望了一眼，同時都愣住了，因爲他們同時想起當年兩個人交換車票的那一幕。

兩個年輕人兩種完全不同的結果，其中的關鍵，正是有無冒險的勇氣。機會只會留給勇於冒險的人，那些只顧著害怕擔心的人，即使機會送到他們的面前，仍將白白浪費。

故事中我們看見，成爲北京乞討一族的青年，只是聽說上海居大不易就退縮，連嘗試的勇氣都沒有，以窮困潦倒結局，似乎早可預知。

而成爲上海商人的年輕人，則以不同的角度解讀，明白現實生活的勢利苛刻反而讓他更有鬥志，所以，一下車他的人生便有了全新的開始；在努力求生存的過程裡，他便已經走在成功的道路上了。

機會就一直都在你身邊

不要看別人成功，就認為那是你唯一的成功道路，每個人都有自己的路要走，只要仔細尋找，就會看見指引的路標。

前英國首相邱吉爾曾經提醒我們：「好高騖遠是一種錯誤，我們每次能對付的，只是命運之鏈中的一環。」

當你把身邊的寶山拱手讓人，來到嚮往已久的那座寶山時，你會發現期待已久的寶山，居然是座「半屏山」。

有一位印度長者對阿利．哈費特說：「如果你能得到拇指大小的鑽石，就能

買下附近所有土地；如果你能找到鑽石礦，那麼就能夠讓你兒子坐上王位了。」

從此，鑽石的價值便深深烙進哈費特的心坎。

那天晚上，哈費特徹夜未眠，第二天一早便跑去找長者，問他到哪裡才能找到鑽石。長者發現他如此迷失，便更改了建言，希望打消哈費特的念頭。

但是，已經沉入妄想中的哈費特完全聽不進去，死皮賴臉地纏著長者，最後長者隨口說：「您要去很高很高的山裡，尋找流著白沙的河，只要找到了白沙河，就一定挖得到鑽石。」

於是，哈費特變賣所有的家產，開始他的尋鑽之路。但是，他找了許久，始終找不到寶藏，最後在西班牙的海邊，投海死了。

幾年後，有人買下哈費特的房子。

當新屋主把駱駝帶進後院的小河邊，準備讓駱駝飲水時，發現沙中竟然閃著奇怪的光芒。

他立即拿了工具去挖，不久便挖到一塊閃閃發光的石頭。

不知道這是什麼的屋主，只覺得這個石塊很漂亮，便將它放在爐架上。

有一天，那位長者來拜訪這戶人家，一進門，就發現爐架上那塊閃閃發光的石頭。長者驚奇道：「這是鑽石啊！是哈費特回來了？」

新屋主說道：「沒有啊！哈費特並沒有回來，這塊石頭是我在後院的小河旁邊發現的。」

長者懷疑地說：「不！你在騙我，當我進來一看，就知道這是顆鑽石，我認得出這是塊眞正的鑽石！」

於是，新屋主向長者說明他找到鑽石的地方，兩人便立刻來到小河邊，開始挖掘。幾分鐘後，地下便露出一塊比第一顆更爲亮麗的石頭，接著又陸續挖掘出許多的鑽石。

後來，獻給維多利亞女王的那塊鑽石，也是出自這個地方，而且淨重一百克拉。

每個人的生命歷程中，都有好運降臨的時候，至於是否有緣領受，全看自己

用什麼態度面對眼前的契機。

如果面對絕佳機會卻不知把握，不願竭盡心力爭取，甚至怠惰、傲慢、自以爲是，最後的結果必然錯失良機，眼巴巴看著別人享受成功的果實。

「捨近求遠」是許多人的通病，所以即使寶藏明顯地露出地面，恐怕也不容易被發現。我們開車不也是如此，只要一不注意，就會和路標擦身而過，迷失方向。

不要看別人成功，就認爲那是你唯一的成功道路，每個人都有自己的路要走。只要我們仔細尋找，就會看見指引的路標，重要的是這些路標都不會離你太遠。

生命有限，意義無窮

用更寬容的心境面對週遭的人事物吧！當你開始用這樣的態度面對生命時，你才能感受到生命的無限與無價！

你有沒有想過，如何讓生命結束時獲得永生？不是信耶穌，也不是變成舍利子，而是以寬容的心境爲人類創造出永久的幸福，如此一來，生命才能以另一種方式，繼續地延續。

有一位六十七歲的老人家，正在研究一條南美的毒蛇。就在這個時候，毒蛇突然驚醒，冷不防咬住了老先生的手。

老先生立即感到一陣頭暈與噁心，他知道死亡即將降臨，便即刻打開日記本，記錄下自己臨死前的所有感覺。

他努力地寫下：「胃部劇痛、身體感到燥熱、耳鳴、眼皮疼痛……」

從日記本上的字跡可以知道，老先生是在多麼痛苦的情況下，寫下這些劇烈顫抖的字。

日記上的最後幾句是：「當血從鼻子和嘴裡流出來時，所有的疼痛感也消失了，然而四肢卻變得軟弱無力，我想，腦袋開始充血了。」

這個老先生正是美國著名的動物學家卡爾．史密特博士。直到臨死前，他仍然努力地要將研究報告完成，並用自己的生命，寫下了這分醫學研究史上獨一無二的資料。

「前人種樹，後人乘涼」，這是老祖宗愛護後代子孫的做法，胼手胝足無悔地付出，只為了讓你我享受今日的美好生活。

那今日的我們又是如何呢？

科技進步了，人與人之間的距離也遠了，人們主觀的意識加強，只挑利己的事做，將前人努力種植的樹木砍伐精光，自私地只想到當下的自己，忘了前人努力傳承的目標。

樹被砍光了，我們看不見新生的樹苗，人們生活的進步似乎與心智成長形成強烈的反比。

當史密特博士用生命換來珍貴的醫學資料時，我們是否也該醒悟，人類的價值不在個人而是全體，這其中包含了過去、現在與明日的生命。

用更寬容的心境面對週遭的人事物吧！當你開始用這樣的態度面對生命時，你才能感受到生命的無限與無價！

堅守原則就不會迷失

只要確認我們的方向正確無誤，便能堅持自己的原則；即使此刻還在迷宮中跌跌撞撞，我們也不再迷失。

俄國文豪高爾基曾經勉勵年輕人：「力求成為自我，在任何時候都忠於自我，力求達到內心的和諧。」

不要爲了謀取小功小利而不擇手段，甚至放棄自己的最後一項原則，一旦原則喪失，未來就只能任憑別人的擺佈與欺騙。

亞雅大學畢業後到現在，已經半年了，但是工作一直找得很不順利。當她走

進這間大公司的接待室時，手上拿的號碼牌是第二十七號。

被時間消磨得有點失去信心的亞雅，看著前面應徵的女孩們，總覺得她們各方面一定都比自己強。

此刻的亞雅雖然信心不足，卻仍不斷地告訴自己：「希望看似渺茫，但是一定還有機會的，別灰心！」

等到亞雅走進面試房間時，幾乎已經是下班時間了。主考官們個個露出疲態，從詢問年齡、文憑、特長到傳閱個人資料，一切動作與問話幾乎成了一種例行公事。

最後，其中一位較年長的主審官問：「如果妳和客人應酬時，爲了公司的利益，要妳做出有限度的犧牲，妳願意嗎？」

亞雅聽到「有限度的犧牲」時，精神忽然清醒起來，心裡想著：「爲什麼要有限度的犧牲？是被人佔便宜嗎？爲了立足而放棄自己的原則嗎？」

亞雅仔細地想了想，堅定地站了起來，說：「不願意！」

正當她轉身，準備說再見的時候，這位年長的主考官卻朗聲說：「恭喜妳，妳被錄取了；妳是第二十七位應徵者，也是第一個說『不』的人；我們正需要像妳這樣，堅持自己原則的人才。」

其實，在我們身邊這類情況層出不窮，原因很多，就像工作這件事，是爲賺錢而工作，還是因爲興趣而工作，有多少人清楚自己想要的是什麼？現在做的是什麼？

連自己的興趣是什麼都不知道，如何要求他們堅持自己的原則呢？

凡事都有一定的目的與意義，只要確認我們的方向正確無誤，便能堅持自己的原則；即使此刻還在迷宮中跌跌撞撞，我們也不再迷失，會比別人更早一步走出迷陣。

一味追逐物質，會喪失自己的價值

盲目的追逐者不清楚自己想要的是什麼，所以盲目地追逐著不斷成長的目標物，而自己卻始終在原地踏步！

你是個追星族，或是癡迷名牌的族群嗎？

當你追逐這些炫麗的物質時，你對自己的價值認定又有幾分？

如果，你的滿足感、愉悅感都取決於外在的人事物，那麼你的開心與幸福，恐怕也都是虛幻的了。

由於中國的北方盛產驢子，所以，大家都習慣用驢子來運輸貨品，或者研磨

米麥等穀物。

而且，人們爲了不讓驢子偷懶，還想出了這麼一個辦法。

他們將驢子的眼睛蒙住，不讓牠看見前方的事物，另外還準備了一些香噴噴的芝麻醬或花生醬，偷偷地塗抹在驢子的鼻子上。

當驢子聞到香氣四溢的芝麻醬或花生醬時，以爲前面一定有好吃的食物，便拼命地往前衝。

當然，不管牠怎麼轉，只能聞到食物的美味，卻永遠也吃不到啊！

這個現象讓我們體認到，盲目的追逐者總是習慣人云亦云，因爲他們不清楚自己想要的是什麼，所以盲目地追逐著不斷成長的目標物，而自己卻始終在原地踏步！

反省自己，你是否也正是如此？

有一個咖啡廣告相當值得玩味；當櫥窗裡的店員，正準備將最新一季的流行服飾展現出來時，就在這個時候，窗外一位妙齡女郎走過，而她也穿上了最新的流行自信，但她身上所散發出來的流行品味，不是名牌的logo，而是她自己！

有目標的人，會成爲別人追逐的目標，前者是被追逐的明星或名牌，後者則是生活盲目的追逐者。

當你追著明星的背影，追著價格高昂的名牌時，問問自己，這是你想要的嗎？從中你又得到了多少成就和眞正的滿足呢？

每個人都有不同的美麗人生

每個人都有自己的生活方式，我們可以各自尋找出適合自己的生活，只要我們能從中自得其樂，那麼就算苦味也是一種甜美！

人一出生，就是一個獨立的生命，而且從娘胎裡開始，我們就已經與衆不同了。所以，當我們參考別人的精采人生時，別忘了，你還是得用自己的方法，來編織屬於你的美麗人生。

有一天，一個男孩突然問他的媽媽：「媽媽，您想做個中國的老太太，還是外國的老太婆？」

媽媽不解地問：「我老了以後，當然是個中國老太太啊！怎麼能做外國的老太太呢？」

男孩搖了搖頭說：「不是啊！外國老太太年輕的時候，是個漂亮的姑娘，她們大學畢業之後，會找一分收入穩定的工作，接著她們會向銀行貸款，買下一棟房子和車子，以及許多高級的生活用品，每個月她們努力還利息，生活雖然緊張，但是卻充實而愉快。當她們有了很好的居住條件，又有自己的車子代步，並且嚐盡人生的各種樂趣之後，她們終老時，銀行的貸款也剛剛好還清，便安然地閉上了眼睛。」

這位中國媽媽還不是非常明白，便問男孩：「那中國的老太太又怎樣呢？」

男孩回答說：「中國的老太太啊！她年輕的時候也是個漂亮的姑娘，不過，她找到一分穩定的工作後，便開始努力儲蓄，一年到頭都非常地辛苦，什麼都捨不得吃，也捨不得享受，只知道把錢存起來，最後還是在病痛中死去。而她省吃儉用存下來的錢，全部由她的子女們獲得，這些錢足夠她的子女們買大房子和名貴的好車，孩子們孝順的話，會用這存款的一部分，爲死去的中國老太太風光厚葬，但是，中國老太太在生前的時候，卻什麼都沒有享受過。」

中國媽媽正想得出神，男孩叫了好幾聲後，她才回頭看他。男孩看著母親，再次問她：「媽媽，您到底要做中國的老太太呢？還是外國的老太太？」

不同的文化背景，自然會有不同的需求，究竟是中國老太太好呢？還是當個外國老奶奶好呢？其實，每個人都有不同的生活方式，因爲價値觀的不同、因爲生長環境的文化不同，所以造成許多的差異性。但是，不管哪一種方式，只要心中能夠獲得「滿足」，兩個老婆婆都能有最好的結局。

很多時候，我們喜歡拿著不同成長或文化背景的人做比較，而往往忽略了這些先天的「不同」，正因爲彼此有著許多不同，所以，你所提供的好方法並不一定適用於別人。每個人都有自己的生活方式和價値觀念，我們可以交換不同的生活態度，各自尋找出適合自己的生活，只要我們能從中自得其樂，那麼就算苦味也是一種甜美，何必在乎別人的異樣眼光！

不要怪別人對自己太刻薄

踩在泥濘的道路上，
我們得用力地拉起雙腳才能走出泥地，
人生之路不也如此？

要守信用，也要懂得變通

律師把金錢放進自己的口袋，並把二萬五千美元以支票取代，毫無疑問，他才是最聰明，也是最守信用的。

對別人許下承諾之後，你要怎麼完成呢？如果你所說的承諾，只是爲了給人一個善意的安慰，那麼你要如何實現這個諾言，才不會顯得迂腐，又不違背自己的意願呢？

以下這個故事，或許可以當作參考。

有一位老人臨死前，將他的律師、醫生和牧師全叫到床前，並分送給每個人一個裝有二萬五千美元的信封。因爲，老人希望自己死後，他們能遵照自己的交

代，將這些錢放到棺木裡，讓他能有足夠的錢長眠於天堂。

不久之後，老人便去世了。在入殮的過程中，律師、醫生和牧師都將信封放在老人的棺材中，並祝他們的委託人能夠安息。

幾個月之後，這三個人在一場宴會中相遇。

牧師一臉歉疚地說，在他的信封裡，其實只放了一千美元，他認爲與其全部浪費在棺材裡，不如將其中一部分捐給福利機構。醫生被牧師的誠實深深地打動，也供出了自己把錢捐給一個醫療慈善機構，信封裡只裝了八百美元。他也認爲，與其把錢無謂地浪費掉，還不如用在其他有意義的事情上。

這時，律師卻對他們的作爲，露不以爲然的表情。

他慢條斯理地說道：「無疑的，我是唯一對死去的老朋友最守信用的人，我必須讓你們知道，我眞的在信封裡放入了全部的金額，因爲我在這個信封中，放了一張面額三萬五千美元，寫了我的大名的私人支票。」

非常有意思的小故事，誰才是眞正信守諾言的人呢？律師把金錢放進自己的口袋，並把二萬五千美元以支票取代，毫無疑問的，他才是最聰明，也是最守信用的人，因爲，他「眞的」一點也沒有違背對朋友的承諾。

這是一個簡單的價值認定，對一個臨死老人的請託，「數字的完整」才是他所要的，所以，當牧師與醫生各取所需地把金錢挪用時，他們便已違背了承諾，因爲數字已經不完整了。

他們應該像律師一樣，把錢全數交給福利機構，並開立一張二萬五千美元的支票以告慰死者！

三個人有兩種不同的變通方式，如果是你，你會選哪一個？

也許有人對律師將金錢據爲已有的行徑不能認同，不過在「金錢生不帶來，死不帶去」的現實生活中，我們既要遵守對往生者的承諾，也要讓他的遺願更具意義的完成。對律師而言，他的價值認定就在這一念之間，雖然做法或許有瑕疵，卻也沒什麼大錯！

不要怪別人對自己太刻薄

踩在泥濘的道路上，我們得用力地拉起雙腳才能走出泥地，人生之路不也如此？

阿拉伯有一句諺語說：「如果你不想做，就會找到一個藉口；如果只想成功，你就會找到一個方法前進。」

確實如此，從許許多多的成功例子中，我們可以知道，最美好絢麗的人生，都是用自我要求的鋒刃雕琢而成的。

鑑眞和尙剛入空門時，住持要他從最辛苦的行腳僧開始磨練。

有一天，已經日上三竿了，鑑眞和尙仍未起床，住持覺得納悶，便到鑑眞和尙的寢室裡巡視。

當住持推開房門，只見床邊堆了一堆破破爛爛的草鞋，住持叫醒鑑眞：「今天你不出外化緣嗎？床邊堆的這些破草鞋要做什麼呢？」

鑑眞打了哈欠說：「這些是別人一年都穿不破的草鞋，如今我剃度一年多，卻穿破了這麼多鞋，今天我想爲廟裡節省一些鞋。」

住持聽了之後，笑了笑對鑑眞說：「昨夜外頭下了一場雨，你快起來，陪我到寺前走走吧！」

昨夜的一場雨，使寺前的黃土坡變得泥濘不堪。

忽然，住持拍了拍鑑眞的肩膀說：「你是要當個只會撞鐘的和尙，還是想成爲能發揚佛法的名僧？」

鑑眞說：「當然是發揚佛法的名僧啊！」

住持撚鬚一笑，接著說：「你昨天有沒有走過這條路？」

鑑眞說：「當然有！」

住持又問：「那麼你現在找得到自己的腳印嗎？」

鑑眞不解地說：「昨天這裡原本是平坦、堅硬的道路，今天變得如此泥濘，小僧如何能找到自己的腳印？」

住持接著又笑了笑，說道：「那我們今天在這條路上走一回，你能找到你的腳印嗎？」

鑑眞自信地說：「當然能了！」

住持微笑地拍拍鑑眞的肩膀說：「是的，只有泥濘路才能留下足印啊！只要經過艱苦的跋涉，終有一天會留下痕跡的，一如此刻，我們行走在這片泥地上，不管走得多遠，足印都會深深地留在泥地裡，印證我們一路走過的價值。」

想完成夢想，便不能怪別人對自己刻薄，也不能有停頓休息的藉口，因爲，即使我們都看得見成功的目標，卻沒有人能計算出成功的距離。

付出得再多，沒有站在最後的終點站，我們都沒有時間停頓休息，因爲一停下來，成功的目標將會漂流得更遠，甚至讓別人捷足先登，佔據頂峰，讓我們無法登上夢想的目標。

踩在泥濘的道路上，我們得用力地拉起雙腳才能走出泥地，人生之路不也如此？經過辛苦的跋涉之後，才能看見努力累積出來的成果。

工作態度決定你的價值

如果你在公司正從事著非常細微的工作，記得源太郎的擦鞋態度與生活哲學，不管做什麼事，我們都要做到最好。

法蘭西斯．培根曾經勉勵我們：「一個人命運的造成，主要還是掌握在自己手裡，人人都可以成為自己命運的建築師。」

不要抱怨自己從事的職業低下卑賤，也不要在意或懷疑別人是否以輕蔑的眼神看待自己的工作。

工作本身原本就沒有標價，唯一能評定其價值的是我們的態度，只要你認定無價，就沒有人能否定它了。

在過去，擦鞋是一項很低微的工作，對於從事這項工作的人，大家都認定他不會有出息的一天。不過，有個名叫源太郎的日本人，卻憑著擦鞋的工作，成就了他輝煌的人生。

原本是在化學工廠工作的源太郎，因爲公司倒閉而失業待在家中很長一段時間，直到一個偶然的機會，他從一位美國軍官那裡，學會了擦鞋的技巧，而且還迷上了這項工作。

每當他聽說哪裡有好的擦鞋匠，他都會跑去請教，並虛心學習。

日子一天天地過去，源太郎的技術也越來越精湛，他的擦鞋技巧獨樹一格，不用鞋刷，而用木棉布擦拭，鞋油也是他自行調製。那些早已失去光澤的舊皮鞋，經他用心擦拭之後，無不煥然一新，而且光澤持久，每一雙鞋至少都能保持一週以上。

觀察入微的源太郎，也累積出特殊的功力，每當他與人們擦肩而過時，就能知道對方穿的鞋種；又從鞋子的磨損部位和程度，便能說出這個人的健康與生活習慣。

如此精湛的技藝，讓東京的一家四星級飯店相中，他們請源太郎到飯店，專職爲飯店裡的顧客擦鞋。

自從源太郎來到飯店之後，許多名人來到東京，全都指定要住這間飯店，而他們最重要的原因，正是爲了讓他們的好鞋能有「五星級的服務」。

當他們腳下踩著修整後煥然一新的皮鞋時，心中也記下了「源太郎」的名字與他服務的地方。

隨著時間的前進，源太郎的「擦鞋」工作也累積出了名聲，甚至還有國外的顧客，來到日本指定要找源太郎擦鞋。

聞道有先後，術業有專攻，即使是掃地、擦鞋等工作，也有專業的地方，那是靠經驗的累積，也靠技巧的突破，才能把如此細微的工作，做得比別人更爲出

色。

越微不足道的事，其實也越能成功，因爲這些工作所面對的都是生活中最基本的事物；許多人會忽略它的重要性，卻無法否定它的存在價值，因爲那完全是我們生活的一部分。

如果你在公司正從事著非常細微的工作，記得源太郎的擦鞋態度與生活哲學，不管做什麼事，我們都要做到最好。

職業不分貴賤，貧富沒有差距，當我們也能像源太郎一樣，有著人們依賴信任的專業時，人生便已經有更多的超越與擁有。

用寬容的心境面對環境

不管生活過得多麼不如意，每天早上醒來的時候，我們都要對自己說：「今天是我最重要的一天。」

不管世事如何流轉，每個人的價值都應該是由自己決定的。

不管目前身處的環境多麼困劣，遭遇到的人多麼刻薄，我們都要以寬闊的心胸，從中肯定自己的價值。

上天給人們的機會其實都是均等的，只要隨時提醒自己「每個生命都是珍貴而重要的」，我們就不會錯過任何改變際遇的機運。

第二次世界大戰之後，日本的經濟深受影響，不僅失業人口驟增，工廠也紛紛倒閉。其中，有一家食品公司也面臨這個危機，瀕臨歇業。

但是，沒想到這間公司，卻在幾個月後起死回生。

當時公司準備裁掉三分之一的員工，其中有三個部門將被裁撤，一是清潔部門，一是貨運部門，最後一個是沒有任何技術能力的倉管人員，這三個部門的員工加起來，總共三十多位。

爲了安撫這些被裁退的員工，總經理親自找他們來面談，並且詳細說明裁員的原因。

沒想到這一面談，卻讓總經理聽到員工們的另一種聲音，最後決定不裁員了。

因爲，清潔工說：「我們很重要啊！沒有我們的打掃，工作環境就無法維持清潔與衛生，公司內部也會變得亂七八糟，那麼你們怎麼能夠全心投入工作呢？」

司機則這麼說：「我們非常重要啊！這些產品如果沒有我們的運送，怎麼有辦法迅速在市場上鋪貨呢？」

倉管員工也說：「我們更重要了，戰爭剛結束，很多人處於饑餓狀態，如果沒有我們管理分配，這些食品肯定會被流浪街頭的乞丐們偷光！」

總經理聽完之後，認爲他們的話很有道理，便召開臨時會議，決定不再裁員，重新制定管理法則。

最後，總經理在工廠的入口處，掛了一塊很大的匾額，上面寫著四個字：「我很重要」。

從此以後，每天早上所有的員工進門的第一眼，便是看見「我很重要」這四個大字。

因爲這個「第一眼」的刺激，不管哪個階層的員工，每天都非常賣命地認眞工作，公司的業績也因此以飛快的速度成長，幾年之後更躍居日本食品市場的第一位。

不管生活過得多麼不如意，每天早上醒來的時候，我們都要對自己說：「今天是我最重要的一天。」

因爲知道它的重要性，便會小心珍惜，不讓一天的時間隨便浪費，也不會讓自己糊裡糊塗地過完一天；你會在強烈的自我意識下，認眞地運用每一分每一秒，努力地發揮自己的生命活力。

知道「我很重要」的人，不會有抱怨別人和工作的時候，因爲，他們用寬容的心境面對環境，因而嚐不到工作倦怠的滋味。因爲，他們知道自己是一個重要的生命個體，工作、生活與自己都是一體的，堅定的態度使得他們在任何領域中，都是自己生命的主角。

你才是自己真正的支持者

再多的奇蹟都是靠自己創造，沒有人能掌控我們的生存機會，也沒有人能支配你我的命運。

法國文豪巴爾札克曾說：「人類所有的力量，只是耐心加上時間的混合，所謂強者是既有意志，又能等待時機。」

在人生的旅途中，即使得不到別人的支持，別忘了，還有一個永遠守護與支持你的人，那個人就是你自己。

鮑爾斯是十八世紀俄國著名的探險家，他在一八九三年時，與瑞典探險家歐

文在斯堪地納維亞半島相遇。

他們兩人對極地風光都很感興趣，相偕一同沿著北極圈考察與探險。

他們從瑞典北方出發，身邊帶了三隻狗、兩架雪橇和一張地圖。如果計劃沒有失誤的話，他們一路向東，一共要走一萬五千多里路，九個月便可完成。

但是，他們卻花了一年又三個月。

讓他們失算的原因是，在翻越峻峭的山脈時，歐文不小心摔斷了腿。

歐文激動地說：「沒有鮑爾斯的幫助，我恐怕已葬身山谷。」

分手之時，歐文把隨身攜帶的懷錶送給他，並一再地對他說：「謝謝。」

這時，鮑爾斯搖了搖頭說：「你要謝謝的人，是你自己！你以一條腿走過最薄的冰層，是你自己用一條腿翻過最狹窄的山道。總之，在絕境中真正幫助你的人，是你自己，我並沒有提供你真正的支援啊！」

謙虛的鮑爾斯後來寫了一封信給歐文，信中他說：「在探險的路上，記住，你就是你自己的神，只有你能掌握自己的命運，沒有人能支配你，也沒有人能阻擋你走到成功的彼端。」

一九〇二年，歐文來到中國，且獨自一個人進入塔克拉瑪大沙漠，並成為第一個活著走出來的探險者。

後來，有人研究他創造奇蹟的原因，許多研究者將它歸結為歐文口袋中的金幣和一個維吾爾人的幫助。

不過，只要知道歐文和鮑爾斯在北極圈那段經歷的人，都會認為這樣的結論有多膚淺。

我們經常在動物頻道裡，看到正在學習展翅的小鳥，鳥爸爸和鳥媽媽並不會牽著牠們，反而是看著鳥兒一再跌落、展翅，直到牠們能用自己的力量，學會了飛翔，牠們才會跟著幼鳥一起在天空高飛！

如果小鳥們耍賴，不願學習飛翔，那麼牠們永遠只能囚在鳥巢中，等著敵人的侵略。

因為鳥父母並不會強押著牠們學習，一旦羽翼豐了，便得快速地以自己的力量學會高飛，牠們才能有求生的能力。

人類不也是如此？

在遇上險境時，如果只知消極地等待救援，卻不在分秒必爭的黃金時間裡，克服心理恐慌，積極地為自己尋找逃生的機會，那麼山谷中，便又要多了一個亡魂。

再多的奇蹟都是靠自己創造，沒有人能掌控我們的生存機會，也沒有人能支配你我的命運。

人生只有一分的性格是上天注定，其餘的九分只要我們能勇敢走出去，都會有扭轉乾坤的機會。

風平浪靜，往往是暴風雨的前兆

外在的風平浪靜，不代表這趟航行就一定安全可靠；每個人都與你相好，不代表沒有敵人混在其中。

每個人都想過著祥和寧靜的生活，但是，現實生活卻往往遍藏著危機與尖酸刻薄的小人，如何才能超脫、自在呢？

或許，當你獨處的時候，能夠自得其樂，你的內心才算是眞正不孤單。

有一間畫廊的主人，請了兩位當地著名的畫家，各畫一幅以「風雨中的寧靜」爲主題的作品，並爲他們選定同一天在畫廊中展示、拍賣。

展示的當天，兩位畫家各自帶著他們的作品，自信滿滿地來到畫廊。第一位畫家的作品，是以遠山之間的湖泊作爲背景主題，湖面如鏡，整幅畫呈現出風平浪靜的景緻。

第一位畫家在介紹畫中意境的時候，頗爲得意地說：「你們看！多麼寧靜的湖泊啊！湖面連個漣漪都沒有，蝴蝶也停在湖面上靜止不動，沒有風也沒有雨，完全遠離塵囂，呈現出來的正是安寧與平靜！」

另外一位畫家的作品則大異其趣，以奔騰的瀑布爲主題，在瀑布旁生長著一棵小灌木，樹枝彎曲得都快點到了水面，然而就在這棵樹上，畫家加了一個小鳥巢。畫中，瀑布非常湍急地流瀉，水花四濺，把鳥巢浸得濕透了，看起來似乎非常危險，但再仔細一看，卻可以發現鳥巢之中，還有幾隻剛出生的小知更鳥。

這時，第一個畫家揶揄地說：「這幅畫動態十足，我幾乎可以聽到瀑布急流的聲音！」

第二個畫家聽了之後，不慌不忙地笑著說：「您再仔細地看一看吧！有沒有發現鳥巢中的小知更鳥啊？牠們可是安詳地正在睡覺，一點也不受外在環境的干擾啊！」

最後，觀衆們得出的結論是：「第一位畫家的作品只能叫做停滯，後者才是眞正的寧靜。」

這是個人意境表達的不同，但是，眞正能夠讓人感動的作品卻是後者。以「停止」作爲重點的畫作，只表現出表面的安寧，在這些靜止不動的畫面裡，也許正處處暗藏著危機。而後者，卻是在最危險的環境中，加上了小鳥們祥和的氣氛，讓人深刻地感覺到眞正的寧靜。

那是一種對比，在最危險的狀態下，你才會知道如何保護自己的安全，周遭一片祥和寧靜，只會讓你忽略了暗藏的危險。

什麼才是我們內心眞正的平靜？只要記住，外在的風平浪靜，不代表這趟航行就一定安全可靠；每個人都與你相好，不代表沒有苛刻的敵人混在其中；唯有明白現況，並且用寬容的心境去面對的人，才能得到內心眞正的平靜。

成功的元素來自百之一的堅持

所有的成功元素幾乎一模一樣，唯一的差別只在那百分之一的堅持，與百分之一的特色。

古希臘哲學家德謨克利特曾說：「和自己的心進行鬥爭是很艱難的事，但這種勝利則標誌著你是一個深思熟慮的人。」

現實生活中，很多例子都說明了，成功與失敗往往只有一步之差，成功或失敗也往往取決在你的一念之間。

有兩個上下午班的婦人，爲了貼補家用，分別在路邊開了早餐店，她們賣的

都是中式餐點，包子與豆漿。但是，其中一個的生意越來越興旺，另一個則在三個月後收攤。

有好事者探究其中原因，發現竟然只是「一個雞蛋」的問題。

原來，生意興旺的這間店主，客人一進門的時候，她都會問：「您要在豆漿裡加一個蛋，還是兩個蛋？」

至於落得結束營業命運的那一間早餐店，老闆娘則是這麼問：「您的豆漿裡要不要加雞蛋？」

兩種不同的問法，有了截然不同的命運，些微的差距讓第一家賣出好成績，利潤頗爲豐碩，生意自然能繼續做下去。

確實，成功與失敗之間，只有一顆雞蛋的距離，至於成功或失敗，也取決於你的一念之差！

像可口可樂公司的產品，可樂裡的成分百分之九十九全是水、糖、碳酸與咖啡因，這與其他可樂的成分幾乎一樣。

唯一不同的地方，就是那百分之一的秘方，這是其他飲料之中所沒有的成分，也正是因爲這個神秘的百分之一，讓可口可樂公司每年都有四億美元以上的純利潤。

以上這些情況，就像九十九度加一度，正好是開水沸騰的溫度，而沸騰與未沸騰的區別，只在這一度之差。

做事的時候，不要因爲覺得困難重重而把你的臨門一腳收起來，再堅持一步，或許你只差這一步便成功了。

多付出一點，不要計較那比別人多付出的一滴汗水，畢竟成功與努力的比率，一直以來都無法估算，即使成功者也無法告訴你確切的數據，因爲他們只知道：「想成功，就要不斷地努力、努力。」

我們經常會聽到人們說：「這跟我當初想的一樣啊！」或是「我本來也要到達那個山峰了！」

但是，不管發出多誇張的共鳴聲或嘆息聲，功成名就的人終究是別人，而不是說話的人。

當大家一窩蜂地經營相同的事物時，只要你能找出自己的特色，或創造出不同的風貌，比別人多花個百分之一的心思，稍加變化，就能讓平凡的事物變得不平凡。

因爲，所有的成功元素幾乎一模一樣，唯一的差別只在那百分之一的堅持，與百分之一的特色。

「以身作則」是教育的最好方法

若能認識「以身作則」的重要性，小心翼翼地表演示範，孩子便能在不偏不倚的學習過程中，展現他們精采的生活。

哲學家史賓諾莎曾說：「教育的偉大目標不只是累積經驗，而是訓練柔軟的心靈，增進有用的處世能力。」

教育是百年事業，但不是只有在校園內才叫教育，即使喝口水，也有很多學問可以學習。

當每個人在計較師資或教育制度的時候，似乎忘了「以身作則」的重要性，殊不知，在這麼多元化的教育方式中，也只有「以身作則」的身教最具潛移默化的功效。

有一天早上，曾子的老婆到市集買東西，帶在身邊的兒子卻不知怎麼搞的，莫名其妙地哭鬧不休。由於街上的人很多，大家都好奇地看著這對母子，曾子的老婆覺得難爲情，爲了安撫兒子的情緒，便哄著他說：「別哭了，你先回去，等會兒我回到家裡，再殺豬給你吃。」

孩子聽到有肉可吃，便止住了哭聲，乖乖地回家去了。當曾子的老婆從市集回來，一踏進家門時，便聽見豬隻的啼叫聲，沒想到曾子正準備動手殺豬。

曾妻連忙制止他說：「相公，你爲何要殺豬？」

曾子說：「妳不是答應兒子要殺豬嗎？」

曾妻連忙揮揮手說：「唉呀，我只不過是哄哄他。」

曾子聽了老婆的話，滿臉嚴肅地說：「妳怎麼可以如此？孩子是無知的，他們只會模仿父母的一舉一動，聽從父母的教導，妳這麼欺騙他，不是教他學會說謊嗎？一旦妳欺騙了兒子，咱們的孩子以後便不會再相信我們，這樣的教育方式，怎麼能教出好孩子呢？」

於是，曾子毫不考慮地立即動手，將那頭豬殺了，讓兒子開心地吃了一頓豐盛的大餐。

爲什麼家庭環境不健全的孩子，最後常常成爲社會的問題？

那是因爲「上樑不正下樑歪」的結果，由於父母錯誤的觀念，導致孩子在進入團體或與人相處時，變得不和諧或不適應。

所以，教育必須從「根」部紮起，至於根部所要吸收的養分，自然是在父母的身上；畢竟，從出生開始之後，孩子們就從父母那兒起步學習、模仿，幾乎不曾間斷。

經營「教育」事業很難，但是，教育的方式卻很簡單，因爲每個生命都是從學習、模仿而來。身爲「示範的人」，倘若能認識「以身作則」的重要性，小心翼翼地表演示範，孩子便能在不偏不倚的學習過程中，展現他們精采的生活。

10

想不同凡響，先找對方向

當你在設定目標的時候，
要全面而周詳地評估，
找出新目標的發展性與獨特性，
如此才能創造出真正的「不同凡響」。

「性情真摯」讓掌聲更熱烈

當我們認真的付出獲得肯定時，心中的成就感總是無法言喻，那分滿足而踏實的成就感，更是讓人繼續前進的動力。

法國文豪羅曼羅蘭勉勵我們：「只有把抱怨環境的心情，轉化為上進的力量，才是成功的最佳保障。」

不管做什麼事，只要情感眞誠，人們會更加肯定你的成功，即使曾經幫助你的人，也不願居功。

在一個著名的頒獎典禮上，所有巨星都齊聚一堂。

典禮開始，第一位得獎的女配角走到台上，台下的觀眾都被她的激動情緒感染，也莫名地高亢起來。

很快地，得獎人情緒平靜了下來，欣喜地說：「辛苦了好久，曾經一度想放棄，但是怎麼也敵不過對表演的熱愛，如今我要說，我以身爲一名表演工作者而驕傲。」

這番話引來在場所有演員熱情的掌聲。

接著，是一位男演員上台領獎，這位已經六十歲的老牌演員，在某部電影中扮演一個很重要的角色。

大家認眞地看著這位資深演員，等著他說出得獎感言。

但是，他似乎太過緊張，竟不斷地重複著：「哦，我想……」

他拉著嗓門，卻怎麼也無法擠出一個字來，忽然，他毫不猶豫地說出：「猴子爬得越高，牠的紅屁股就越顯眼……」

老演員自我解嘲的方式，獲得在場所有人士的掌聲，接著他又說：「現在我正把自己最糟糕的一面，赤裸裸地呈現，完全不能重拍。」

此刻的掌聲，更加熱烈地響起。

最後，獲得最佳女演員的是美國巨星茱莉亞・羅勃茲。

當她優雅地走向領獎台前，每個人都認爲她已經習慣領獎的場面，應該會有一番很得體的感言。

但是，大家都猜錯了，沒想到她「語無倫次」的情況比任何一個人都要糟，即使她已經在無以計數的鏡頭前演出過，仍然緊張得不得了。激動的手勢、跳躍的詞彙與不斷流下的淚水，每個人都看得動容，一時間掌聲響起，而且較之前更爲熱烈、持久。

老演員以自嘲的方式，表示辛苦的付出終於獲得今日的肯定；大嘴美女茱莉亞則以無法言喻的激動情緒，表現辛苦的代價終獲肯定。

因爲，生命的歷練不同，每個人對於自己辛苦的付出，各有不同的檢視方式；不管是「自嘲」或「激動」，我們都能看見其中眞摯的情感，更看見他們生動而踏實的人生。

當我們認眞的付出獲得肯定時，心中的成就感總是無法言喻，那分滿足而踏實的成就感，更是讓人繼續前進的動力。

不投機取巧，不怨天尤人，懂得在人事物雜處的環境中，培養寬容的處世態度，我們的人生才會有眞正開花結果的一天，生命越踏實誠懇，我們獲得的機會與掌聲也會更多。

自卑是超越與成長的動力

沒有人可以否定你的存在，也沒有人能否定你的價值；多數被否定的人，在他們的心中，其實有很強烈的自我否定。

蘇聯作家奧斯特洛夫斯基曾經寫道：「人的生命似洪水在奔流，不遇著島嶼和暗礁，難以激起美麗的浪花。」

一個人之所以會走投無路，或是陷入絕境，很多時候並不是欠缺機會，而是他早已放棄自己，接著，別人才會放棄他。

有個男孩得了小兒痲痹，由於當地醫療太過落後，後來雖然康復了，但腿也

瘸了，從此他的人生走得比任何人都辛苦。

需要被照顧的男孩，在人們憐憫、嘲笑與冷漠的異樣眼光中成長，內心充滿矛盾與自卑。

這個當年不斷被身體殘缺所擊敗的男孩，名叫羅斯福。後來，他突破自卑，奮鬥不懈，反而成爲美國人民的精神指標。

心理學家阿德勒也如羅斯福一樣，童年的阿德勒在富足的環境中成長，但是一直都鬱鬱寡歡，因爲他從小便是個駝子。

行動不便，還經常被人恥笑，使得阿德勒從小便與世界隔離。自我封閉的結果，令他不斷地拉開與別人之間的距離。

但是，即使長期生活在與衆不同的環境中，阿德勒與羅斯福一樣，都沒有因爲缺陷，而失去生命的價值，他們的成功反而更爲亮眼。

阿德勒在《自卑與超越》中寫下：「成功者離不開自卑，因為他們才能在自卑的驅使下，走出自卑的陰影，努力為自己尋找更高更遠的理想目標，用以補償他們生命中的缺陷。」

派克醫師說：「當我們能夠接受人生的困難時，將不再耿耿於懷，人生也會變得多彩多姿而不是多災多難。」

就如羅斯福和阿德勒一樣，能從自卑、逆境中走出來的人，生命的活力特別亮眼驚人。

沒有人可以否定你的存在，也沒有人能否定你的價值；多數被否定的人，在他們的心中，其實有很強烈的自我否定。

相信自己，比期望別人的肯定來得重要；自己站起來，比倚賴別人的扶持更爲可靠。

如果無法戰勝自卑，再多的外在肯定也沒用，我們仍然會囚在自設的牢籠中，不知抓緊屬於自己的機會。

想不同凡響，先找對方向

當你在設定目標的時候，要全面而周詳地評估，找出新目標的發展性與獨特性，如此才能創造出真正的「不同凡響」。

人生最大的困惑與迷惘，通常來自於朝著什麼樣的目標前進才有意義？朝著什麼樣的目標努力才有未來？

當你設定一個目標，或是說出自構想時，不要老是覺得別人為什麼要尖酸刻薄地潑自己冷水。

只要你有孤陋寡聞的自覺，不要憑著直覺或偏見來設立目標，並且在決心設定新的目標之前，仔細做好比較與審核，那麼你的方向才能明確，也才能減低錯誤的機會。

有一位見識淺薄的馴獸師，因爲從來都沒有看過駱駝倒退著走路，所以，他以爲駱駝只會往前走，因此他「突發奇想」，認爲如果有一隻只會倒退走的駱駝，一定會造成轟動。於是，馴獸師花了許多年的時間，把一隻小駱駝訓練得只會倒退走路，並且帶著牠來到馬戲團裡表演。

正式表演那天，觀衆可說是人山人海，多得連走道上都擠滿了人，之所以會有這麼多人，是因爲馬戲團貼出了廣告，大肆宣傳說：「今天將有一場空前絕後的表演。」

節目陸續進行，壓軸的正是這隻只會倒退走路的駱駝。

這時，大家都期待著會有什麼好戲上場。

舞台上，馴獸師與一隻駱駝站在中間，忽然馴獸師一聲吆喝，駱駝便開始倒退了，走了一圈之後，他們便來到舞台的中間，等著觀衆們的喝采。

但是，大家看完了表演之後，全都面面相覷，許多人還一臉茫然地說：「那又怎麼樣？只有這樣而已嗎？」

可憐的馴獸師不知道自己失敗了，還以爲觀衆們被嚇得目瞪口呆，忘了給予熱情的掌聲。

不管馴獸師花了多少時間，他終究還是失敗了！不過，可惜的是，他失敗的原因，並不是因爲付出的努力不夠，而是他把時間和精力浪費在一個毫無意義的目標上。

如果你不想像訓獸師一樣白費工夫，就要心平氣和地接受別人的批評和建議。別盲目地付出，當你在設定目標的時候，要全面而周詳地評估，找出新目標的發展性與獨特性，如此才能創造出眞正的「不同凡響」。

每個缺點都有獨特的價值

花點心思，身上的缺點也能變成獨特的優點，就像藝術家們一般，創作出與眾不同、完美無缺的驚世之作。

最堅強的人，是以寬容的態度面對自己缺點的人，至於懦弱的人則不敢面對自己的缺點，最終自暴自棄地葬送自己。

只要有進取心，我們都能從失敗的領域中，發現到達成功的途徑；只要有自信心，我們身上的每一個缺陷，也都可以成爲與眾不同的優點。

經常有人特地前赴日本，請教服裝設計大師三宅一生，如何設計出獨具一格

的服裝款式。

三宅大師提出兩個很有意思的重點。

一是，他認爲自己所設計的服飾，其實只完成了「部分」，而其餘的創作空間，則是留給穿衣服的人去完成。

他說：「這樣一來，顧客才能穿出自己的風格，並使得同一件衣服，在不同人的身上能有不同的變化，而且，以這樣的概念設計出來的服裝，也不容易失敗。」

第二點則是，當他在選擇布料時，會請布廠提供設計、印染或紡織失敗的布料，三宅一生便從這些「失敗」的布料中，找到泉湧般的靈感，設計出最具獨創性與美感的作品。

正是因爲這兩個重點，三宅一生所設計的服裝總是獨一無二，能夠引領世界的潮流。

從三宅一生的創作特點上來思考，他的「共同創作」與「失敗哲學」，非常值得我們學習。

一個人對事物要是充滿偏狹看法，就像內心有著一張充滿黏性的蜘蛛網一樣。這張網會不斷地纏住自己的腦袋和眼睛，把所有錯誤的看法集中到自己的日常生活之中。這樣的人看到的自然都是缺失，看不到機會。

在藝術家的眼中，任何事物都是創作的最好材料，不管眼前是一塊枯木或是殘破的布料，對他們而言都是最具生命力的事物，在他們的手中都將化腐朽為神奇。

朽木都能精雕了，更何況是我們。

花點心思，身上的缺點也能變成獨特的優點，就像藝術家們一般，順著曲折的木頭或坑坑巴巴的石塊，創作出與衆不同、完美無缺的驚世之作。

每一小步都能創造奇蹟

因為害怕，讓我們失去多少奇蹟的發生？隨時都要有挑戰的勇氣，只要自己有克服的意願，沒有什麼事是不能成功的。

每個人獲得成功的那一秒，事實上是經由無數億個秒針走動、累積，最後才達成的。

只要我們保持開闊的胸襟，眼光看得遠一點，得失看得淡一點，患得患失的情況就可以減輕一些。

一九八三年，伯森．漢克徒手攀上紐約的帝國大廈，不僅創造了新的世界紀

錄，也贏得了「蜘蛛人」的封號。

美國懼高症康復協會得知這項消息，立即致電「蜘蛛人」，表示想要聘請漢克做康復協會的顧問。

伯森．漢克接到聘書時，立即回電給該協會的主席諾曼斯，請他查一查第一〇四二號會員。這位會員的資料很快地被查了出來，他的名字就叫伯森．漢克，原來他們要聘來擔任顧問的「蜘蛛人」，本身就是一位懼高症的患者。

諾曼斯知道這個事實後非常驚訝，因為一般的懼高症者，只要一站上陽台，即使只有一樓高，心跳也會加速，然而漢克居然能夠徒手攀上四百多米高的大樓，這無疑是件不可思議的事。

諾曼斯決定要親自拜訪這位創造奇蹟的蜘蛛人。

諾曼斯來到漢克居住於費城郊外的住所，正巧遇上一個慶祝會，現場有十幾位記者正圍著一位老太太拍照。

這位老太太是伯森．漢克的曾祖母，她為了慶祝漢克的紀錄，特別從一百公里外的慕拉斯堡，徒步走到這裡。

沒想到，老奶奶這個舉動，無意間也創造了另一項「老人徒步百里」的世界紀錄。《紐約時報》記者問她：「當妳開始徒步走來的時候，有沒有任何放棄的念頭？」

高齡九十四歲的老奶奶精神抖擻地說：「小夥子，雖然以我這把年紀，要一口氣跑完一百公里需要很大的勇氣與耐力，但是『走一步』路就不需要太多勇氣與耐力了，只要我走一步，停一步，再走一步，一步步地接上，那麼這一百公里不就完成了嗎？」

懼高症康復協會的主席諾曼斯，這時才明白了伯森．漢克登上帝國大廈的秘訣，正是那「一步」登天的勇氣。

我們經常爲了自己有了某個想法而興奮不已，卻也經常因爲畏懼、猶豫，未能及時採取行動而後悔莫及。

有想法卻不願腳踏實地努力，無異於白白拋棄機會。

因爲害怕，讓我們失去多少奇蹟的發生？

我們要像漢克的曾祖母一樣，隨時都要有挑戰的勇氣，只要自己有克服的意願，沒有什麼事是不能成功的。

只要像老奶奶一樣，不放棄，一步一步地累積起來，即使要付出比別人多的時間和精力來到終點，我們一樣都是「成功之士」，更不會錯過任何贏得掌聲的機會。

凡事都要留條後路給自己

留條後路，不是讓自己有遁逃的機會，而是讓我們重新起步時，能夠看見前路的錯誤足跡，記取教訓，不再重蹈覆轍。

俄國文豪屠格涅夫在《羅亭》裡寫道：「不懂得體諒別人的人，是不配受到別人寬容的。」

不要認爲過失或失敗不會發生在自己身上，因爲，即使遇到的狀況並不相同，但是錯誤的原理與法則卻幾乎一樣。

有兩個村莊位於沙漠的兩端，若想到達對面的村莊，有兩條路可行。

一條要繞過大漠，經過外圍的城市，但是得花二十天的時間才能到達；如果直接穿過大漠，只要三天就能抵達。

但是，穿越沙漠卻很危險，有人曾經試圖橫越，卻無一生還。

有一天，有位智者經過這兩個村落，他教村裡的人們找許多的胡楊樹苗，每一公里便栽種一棵樹苗，直到沙漠的另一端。

這天，智者告訴村裡的人：「如果這些樹苗能夠存活下來，你們就可以沿著胡楊樹來往；若沒有存活，那麼每次經過時，就記得要把枯樹苗插深一些，並清理四周，以免傾倒的樹木被流沙淹沒了。」

結果，這些胡楊樹苗種植在沙漠中，全被烈日烤死，不過卻也成了路標，兩地村民便沿著這些路標，平平安安地走了十多年。

有一年夏天，一個外地來的僧人，堅持要一個人到對面的村莊去化緣。

大家見無法阻止，便叮嚀他說：「師父您經過沙漠的時候，遇到快傾倒的胡楊時一定要向下再紮深些，如果遇到將被淹沒的胡楊，記得要將它拉起，並整理四周。」

僧人點頭答應，便帶著水與乾糧上路。但是，當他遇到將被沙漠淹沒的胡楊樹時，卻想：「反正我只走這麼一趟，淹沒就淹沒吧！」

於是，僧人就這麼走過一棵又一棵即將消失在風沙裡的胡楊，看著一棵棵被風暴吹得快傾倒的樹木一一傾倒。

然而就在這個時候，已經走到沙漠深處的僧人，在靜謐的沙漠中，只聽見呼呼的風聲，回頭再看來時路，卻連一棵胡楊樹的樹影都看不見了。

此刻，僧人發現自己竟失去方向了，他像個無頭蒼蠅似地東奔西跑，怎麼也走不出這片沙漠。就在他只剩下最後一口氣時，心裡懊惱地想：「爲什麼不聽大家的話？如果我聽了，現在起碼還有退路可走。」

留條後路，不是讓自己有遁逃的機會，而是讓我們重新起步時，能夠看見前路的錯誤足跡，記取教訓，不再重蹈覆轍。

然而，多數人都不懂得記取教訓，即使前人已經有過失敗的經驗，他們仍然喜歡讓自己撞得鼻青臉腫，然後才驚呼說：「沒想到是眞的！」

人類的經驗是靠時間累積出來，在經過長時間的去蕪存菁，所有長者的智慧與建言，我們都不能視若無睹，那些都是我們絕佳的成功秘笈。

待人接物也是如此，凡事都要以寬容的心胸爲自己預留一條退路，人情留一線，日後好相見，不是嗎？

鋸掉習慣依靠的「椅背」

因為惰性消失，人們的活力與創造力被激發出來，這是一種良性的循環規律，是生活中必備的奮鬥精神。

作家萊辛曾說：「一個不能當機立斷去主宰自己生活的人，將永遠成為生活的奴隸。」

其實，只要一鋸掉習慣倚靠的椅背，你的成功就會比別人多一倍。

著名的麥當勞公司，有一段時間出現嚴重虧損。爲找出問題，總經理克羅克每天都在公司裡反省，慢慢地，他發現了問題所在。

他發現，公司各部門的主管，總是坐在舒適的椅背上指揮部屬，很少站起來說話。於是，克羅克立即找來工匠，將所有經理級以上的坐椅靠背全都鋸掉，逼得這些主管們得經常站起來。

當然，這個動作引起反彈的聲浪，他們對克羅克產生不滿，每個人都在背後怒罵他。不過，慢慢地，他們終於體悟出總經理的苦心。

因爲，在椅背被鋸掉後，人們的惰性也不見了。他們離開椅背，走進基層，開始調查並處理各種疑難雜症；正因爲主管層級的帶動，全體員工也積極地工作起來，使公司在極短的時間內轉虧爲盈。

因爲惰性消失，人們的活力與創造力被激發出來，這是一種良性的循環規律，不僅適用於公司，更是生活中必備的奮鬥精神。

像動畫片《獅子王》的故事，也是富含「鋸掉椅背」的深刻涵意。

獅王辛巴在很小的時候，父王便死於叔父的篡位陰謀；在失去父愛和王位這兩個「椅背」後，辛巴靠著自己的力量，反而獲得超凡的生存能力，最後不僅除掉仇敵，更登上獅王的寶座。

其實，每個人都有一把「椅背」可以倚靠，雖然那也是我們前進的助力，但是，因爲自恃美貌、學識、人緣、機遇與祖蔭，很多人反而經常在這些平順中迷失，讓優勢成了弱勢；因爲太過安逸的生活，讓人慢慢失去唾手可得的寶座。

別再習慣依賴，如果你伸手向長輩要糖時，他們總是立刻給你的話，小心其實是在耽誤你，想把你鎖在身邊一輩子，讓你逃不出他們的手掌心。

一個眞心期望你成功的長者或智者，只會放手讓我們去嘗試；跌倒時，不會拉你一把，但是會告訴你，如何讓自己再站起來。

機會，來自用不同的角度看世界

自己要用什麼樣的角度看世界，比別人怎麼看你還重要，因為，看待事物的角度不同，所得出的結果也不同。

日本心理學家伊藤隆二勉勵年輕人說：「只有從絕望中擺脫出來的人，才能夠實現生氣蓬勃的真實自我。」

當我們轉一圈的時候，可以用三百六十度的視野看世界，而且每一個轉動的人，即使站在相同的地方，看見的世界也不會相同。

有一個書生正準備進京趕考，臨行前他做了三個奇怪的夢。

書生認為夢裡藏有玄機，便立即向村裡的一位解夢大師請教。

書生匆匆地來到這位大師家中，大師正好出門，只有大師的小女兒在家，這個小姑娘聽說書生是來解夢，便自告奮勇要幫他解惑。

於是，書生娓娓道來，第一個夢：「夢見了牆上的一株草。」

女孩一聽，不假思索地回答道：「嗯，這是說你這個人就像是牆頭草，實力淺薄，風一吹就倒。」

書生聽她這麼一說，露出了不悅的神情，不過他並沒有因此住口，仍繼續說了第二個夢境：「我夢見自己戴了一頂竹笠，手上又撐了一把傘。」

這姑娘一聽，哈哈大笑了起來，說：「這不是多此一舉？」

書生聽完之後，垂頭喪氣地想，這次肯定名落孫山，看來不必再趕考了，不過他仍然把第三個夢說完。最後一個夢是，他夢見自己與意中的姑娘，背靠背睡在一張床上，那小姑娘一聽，瞪了他一眼，沒好氣地說：「這不是『背運』嗎？看來你不要再癡心妄想了。」

書生聽完三個解說，心情低到谷底，滿臉低氣壓地走回家去。

剛出大門，正巧遇上解夢大師，兩個人閒聊了一會兒，大師聽書生是來解夢，便說：「你把三個夢告訴我，讓我解一解吧！」

書生搖了搖頭說：「小姐已經爲我解過了。」

大師笑了笑，告訴他說：「其實，解夢的角度與功力各有不同，你說來聽聽又何妨？」

書生便再次將三個夢境向大師仔細述說了一番，大師一聽驚喜道：「此夢大吉大利啊！」

書生驚訝地說：「眞的嗎？」

大師說：「牆頭草意指高高在上、高人一等，會有出人頭地的機會；而頭戴竹笠與撐傘，則是冠『官』上加冠『蓋』；與意中女子背向而臥，意謂著『翻身』之時，所以可斷此次進京趕考，必定中榜啊！」

書生一聽，大喜過望，連忙開心地謝過大師，不過心中卻有一個疑惑：「大師，小姐與您的解說完全不同，我究竟要信誰？」

大師笑了笑，回答說：「相信誰？呵，你這三個夢若再問更多的人，相信將有更多的解法吧！那麼你要相信誰？此乃天機，不可洩漏啊！」

眞是天機不可洩漏，還是每個人看待事物的角度不同，所得出的結果也不同？如果是你，會怎麼解說呢？

這位解夢大師，其實是懂得人們期望的心理醫師，多數人喜歡聽見好聽的話或好事，所以即使事實眞如姑娘說的情況，除了讓人心情不好之外，願意相信的人肯定不多吧！就像一些喜歡求神問卜的人，如果求到上上籤，肯定只求一支便不再多問；但是，若求得下下籤，這些人便會再到其他廟宇重求，或是多找幾個廟祝來解釋，一直求到與自己心裡所想的一樣才會罷手。

所以，自己要用什麼樣的角度看世界，比別人怎麼看你還重要，抽再多的籤詩或問再多的神算都沒有用。

因爲，我們其實都很清楚自己心裡所想的，說出來只是希望得到別人認同。不必問太多，把自己心裡面的期望整理出來，你就能找到自己想要的機會。

11

打開心，就無處不開心

少了「真實的感情」，
人與人之間便很容易出現裂縫，
也很容易造成不必要的緊張關係，
而讓人失去了生存的自信。

打開心，就無處不開心

少了「真實的感情」，人與人之間便很容易出現裂縫，也很容易造成不必要的緊張關係，而讓人失去了生存的自信。

有人說，生命本身原本是一張空白的畫布，任由你在上面怎麼塗畫；你可以充滿怨懟地將不幸的痛苦畫上去，也可以帶著微笑將完美的幸福畫上去，當然，所有的後果都必須由你自己承擔。

你的心境反應著你的人生，就算是失意挫折的時候，也不要只顧著耽溺於眼前的不如意，而忘了眺望即將出現的快樂遠景，試著體貼自己，也試著關心別人，多給自己和別人幾抹微笑吧！

關心別人很容易，小小的微笑便足以溫暖人心，換個角度說，想被人愛不難，困難的是我們是否願意先去愛人？

與人相交並非難事，只要付出的情意眞切，任何人都能感受得到其中眞情，只要我們願意敞開心與人相交，任何人都會感應到我們心的溫度，並以更熱烈的溫度來溫熱我們的心。

居住在動物王國裡的大黑熊，是當地最受人們尊重的長老之一，就連最愛挑剔的老狐狸也對牠推崇備至，萬分佩服。

「大黑熊實在太好了，我在牠身上根本挑不出什麼毛病。」老狐狸說。

有一天，刺蝟便問黑熊：「黑熊大哥，爲什麼大家會這樣尊敬您？您是不是有什麼秘訣？可不可以教教人家啊！」

「秘訣？這沒有什麼秘訣啊！」黑熊很坦白地說。

「沒有秘訣？這怎麼可能！」刺蝟懷疑地追問。

黑熊點了點頭，說道：「的確沒有，更何況我從不覺得自己做人多麼成功，如果你非得問出個所以然來，那麼我可以告訴你一個小常識，就是為自己開設一個感情帳戶。」

「感情帳戶？裡面要存放什麼？」刺蝟問道。

黑熊笑著說：「你得在裡面存放禮貌、寬容、感恩、信用、誠實等等。」

「這感情帳戶有什麼用途？」刺蝟問。

「用途可多了，你不是一直追問要怎樣才能受人尊敬嗎？」黑熊反問。

刺蝟點了點頭，大黑熊溫柔地說：「如你所見，我設立這個帳戶之後，好處便一一出現了。」

「感情帳戶」這個名詞相信許多人是第一次聽見，自從功利主義當道之後，那些著重於人際交流的傳統生存方法，也越來越失去地位，更因為人們越來越偏執於急功近利，而漸漸忽略了人與人之間的「共生」關係。

情感不只是人類的互動模式，也是萬物與其他生命共謀生活的憑藉，少了「真實的感情」，人與人之間便很容易出現裂縫，也很容易造成不必要的緊張關係，甚至還會因爲孤立無援，而讓人失去了生存的自信。

所以，大黑熊想告訴我們：「為自己設立一個儲存感情的帳戶，時時提醒自己要記得把真情投入，用包容的心容納更多的朋友，並累積建立更具信心的自己，只要心打開了，就能無處不開心，只要對自己有了肯定，那麼別人自然也沒有理由否定你！」

其實，再換個角度想一想，我們最盼望遇見的不正是像大黑熊一樣的眞情人嗎？那麼，與其等待別人伸出熱情的手，何不先由我們自己張開手臂，給對方一個熱情的擁抱呢！

給別人機會，就等於給自己機會

再給別人一次機會，等於再給自己一次扭轉乾坤的機會！只要能推己及人，也懂得將心比心，凡事總能圓滿解決的！

生活要從我們自身開始，在要求別人尊重我們之前，自己應當先反省：「我是否也懂得尊重別人？」

因為，人際關係的建立若能從我們自己出發，要別人付出之前，我們便積極付出，希望別人能為我們著想前，我們便能先付出關懷，那麼我們很快地就能盼到心中所期望的結果。

動物王國鬧飢荒，動物們即便有大把鈔票，也不一定能買東西吃，直到紅十字會的成員千里迢迢地從外地送來一袋玉米後情況才稍有改善。不過，這袋玉米並不是人人都能配得，因爲這袋玉米限用於拯救老弱病殘的動物們，而分配的工作則交由公正不阿的猴先生處理。

只見猴先生背起了玉米，挨家挨戶地分發，來到一個叫古古的老猩猩家時，正巧碰見已餓得發慌的老猩猩，因無力抓住樹枝而從床上跌落下來，正痛苦地在地上哀嚎。

猴先生連忙上前扶持，並從口袋裡捧出一些玉米給老猩猩。老猩猩一看，感激地說：「謝謝你，可是我現在好渴啊！你能不能幫我取些水來？」

猴先生點點頭，並將玉米袋放在猩猩家的凳子上，然後拿起水桶往屋外走去，不久之後提了滿滿一桶水回到猩猩家中，竟發現老猩猩已經睡著了。

「玉米袋呢？」猴先生回頭看見凳子上的玉米袋不見了。

只見牠萬分著急地叫著老猩猩：「古古，古古，你快醒醒啊！那袋玉米怎麼不見了，那關係很多動物的性命啊！還有很多人等著它救命啊！古古……」

「吵什麼吵！誰把我吵醒了？」老猩猩睜開雙眼，然後看了看猴先生，不過似乎忘記了許多事，開口問：「老猴，你來幹什麼？」

「你清醒一下，我剛才帶來的那袋玉米到哪兒去了？」猴先生著急地問。

「什麼玉米？我連個鬼影子都沒有見過啊！如果有的話，我還不大口吞下？」

老猩猩說完後，還拍了拍牠那乾癟的肚皮給猴先生看。

「兄弟，我知道你的生活很辛苦，再加上受傷，根本無法外出尋找食物，但是請你想一想，現在想找到食物眞的很不容易啊！像牛奶奶、馬大叔牠們也很清楚現在的情況，但是當我帶玉米去時，牠們卻全都拒絕了施捨，牛奶奶甚至還對我說：『留給更需要的人吧！』牠們現在只靠著樹葉和泉水支持，都快撐不住了，不過仍然堅持著。」

「我……我眞的不知道啦！」

老猩猩的眼神似乎有些不自在，猴先生也發現，老猩猩甚至還低下了頭，看得出來似乎有所隱瞞。

「古古，我很了解你的情況，不過我還是很希望你能再想一想，在我走後到底有誰來過你家？又或者無論你做過什麼，我都不會責怪你，畢竟在這樣的非常時期，任誰都會出錯的。」猴先生眞誠地說。

老猩猩沉默了一會兒後，說道：「沒錯，我趁你去提水時將那袋玉米藏起來了，就在我的床底下，對不起！」

老猩猩拉開床罩時，鼓鼓的玉米袋也立即現身。

其實，猴先生進門時便已發現從凳子到床之間有好幾粒玉米掉在地上，心裡很清楚這是怎麼一回事。不過，牠很明白，在這樣困難的時候，有些動物爲了生存難免會失去理智，做出錯誤決定，所以決定不揭穿猩猩，在顧及牠的自尊爲前提下，盼望能以誠意勸服，讓猩猩自己承認錯誤，並主動交出玉米。

仔細想想，如果你也遇到相同的情況，是否會像猴子一樣願意耐心包容，循循善誘？還是根本不給對方機會，只想以最強硬的態度和方式懲處他？

無論哪一種情況，不妨再聽聽猴子先生的生活建言：「再給別人一次機會，等於再給自己一次扭轉乾坤的機會！」

的確，把人逼得沒有退路，最後結果往往是兩敗俱傷！

換句話說，能爲別人著想，其實也等於爲自己著想啊！就像故事中的猴先生一樣，因爲考量到猩猩的自尊，更體諒牠在這非常時期的心情恐慌，所以最後才能有這樣美好的結局。

體諒與寬容能讓人感受到生命的珍貴，從這個擬人化的寓言故事中，我們更能體會到「愛的力量」，因爲猴子的包容和寬恕，讓我們領悟了：「只要能推己及人，也懂得將心比心，凡事總能圓滿解決的！」

傷害別人等於傷害自己

有心害人往往只會害慘自己，試想，每天防著別人也想著怎麼害人，生活怎麼能快樂得起來呢？

為什麼我們不能一笑泯恩仇呢？

「笑」、「怨」都是由我們自己決定，若是心中有「怨」，只是為自己徒增鬱悶，苦的人還不是我們自己！

聰明的人都知道，給人一拳，別人頂多痛了一下，可是我們自己卻是火冒三丈、怒不可遏，然後再費盡力氣給人一擊，最後還要揉著紅通通的拳頭喊聲「苦」。仔細想想，到底誰才是真正的「冤大頭」？

有隻蜂后正從海米德斯山飛向夏林比斯山，因為她要親自將剛釀好的蜜汁送去給天神。

天神見蜂后不辭辛苦送來蜜汁相當高興，於是說：「妳許個願吧，我一定會答應妳的要求！」

蜂后想了想，便說：「神哪！請您賜與我一支隨身寶劍，這樣一來，我就能對付想偷我蜂蜜的人了！」

天神一聽，臉上登時出現了不悅的神情，因為祂很不想看見殺戮或傷亡，但礙於信譽，說出的話已不能收回。因此，天神只得答應蜂后：「好，妳可以得到一個保護自己的東西，但寶劍對妳來說太不方便了，所以我想賜予妳一根有毒的小刺，但妳別小看了這毒刺，因為它也有致命的危險！」

「真的嗎？那太好了！」蜂后開心地說。

「等等，妳先別太高興，這根刺可不能輕易使用，因為這根針將是妳的命根！一旦決定『拔針』，那麼妳也會因為失去它而死亡。」天神補充道。

蜂后一聽，當場呆住。

故事中的蜂后以「保護自己」做爲傷人的合理藉口，對天神來說實在有些荒謬，因此爲了避免牠濫用武器，在賜予寶物的同時，還多加了一個「傷人傷己」的因果關係。

人與人之間眞有什麼仇恨，也應當試著用寬容的心來化解，畢竟生命眞正要追求的，不是製造一個充滿傷害的環境，而是創造一個活力四射、生機蓬勃的世界，不是嗎？

有心害人往往只會害慘自己，試想，每天防著別人也想著怎麼害人，生活怎麼能快樂得起來呢？大世界中有許多生活道理可尋，就像天天帶著蜂針出門的蜜蜂，只要我們不去招惹牠們，牠們並不會輕易拔針，除非有人惡意攻擊，讓牠們有失去家園、性命之虞，小蜜蜂們才會決定用生命拼搏。

那人們呢？老是爲了一些小事情打打殺殺，會不會覺得自己很可笑呢？

小心，別讓好心變成壞事

好心也會成就壞事，看似美麗的畫面其實正潛藏著可怕的黑暗危機。當我們分享愛的時候，要學會調控愛的溫度！

愛人也會害人，很多時候愛得太深，反而會讓「愛」成了一種生活阻礙，阻礙人們繼續前進的企圖心，或阻礙了我們重新開始的勇氣。

所以，想對別人付出愛的關懷時，要小心觀察，偶爾伸手幫忙的確有益，但過度干涉，不僅會造成別人的不便，還有可能會讓自己承載更多不必要的壓力和負擔。

東海有座小島，住著一位老漁翁和他的妻子，平時夫妻倆的生活是，漁翁在海上捕魚，妻子則在島上餵養雞鴨。

他們的活動範圍都在小島附近，視線也很少離開這座小島，除了年節時期會到對岸去添購新衣或補齊油鹽外，極少與外界連絡。

不過，今年秋天，有一大群天鵝來到這座島上。牠們從遙遠的北方飛來，正準備到南方過冬，只是路程實在太遙遠了，逼得牠們降落在小島休息。

老夫婦看見這群意外訪客非常開心，因爲他們已經在這兒住了幾十年了，從未有人來拜訪他們。

爲了表示他們的熱情和喜悅，老夫婦倆連忙拿出餵養雞鴨的飼料，和剛捉到的小魚來招待天鵝。

經過幾次餵食與接觸之後，天鵝與這對夫婦越來越熟悉了，在島上，牠們不僅敢大搖大擺地走動，甚至當老漁翁出海捕魚時，還會緊緊地跟在船的身邊，陪伴他捕魚。

轉眼冬天來了，這群天鵝竟沒有繼續南飛，一直陪伴著老漁翁夫婦，白天在海上覓食，晚上則在小島上棲息。

不久，湖面漸漸封凍，天鵝們也出現了生存危機，就在這個時候，老夫婦打開大門，讓天鵝們進屋取暖，並且提供牠們所需的食物。這個關懷與照顧一直延續到春天來臨，湖面解凍。

這樣的日子並沒有就此結束，因為天鵝們越來越依賴老夫妻，再也不隨著季節的變化遷移。

日復一日，年復一年，天鵝們在老夫婦細心呵護下，再也離不開這座小島了！

直到有一年，老夫妻因年事已高，逼不得已得離開小島到岸上養老；他們離開了天鵝，天鵝們不久後也消失了。不過，牠們不是飛往南方，而是失去了求生的本能，沒等到湖面封凍，便活活地餓死了。

所有事都有一體兩面，正面是好，反面變壞，就像天鵝群遇到老漁夫的情況一般，原本是件美事，後來卻成了壞事。這無論是從老夫婦的角度，還是從天鵝

群的角度來思考，都有很多值得討論的地方。

對老夫婦來說，或許只是一個簡單的熱情心意，但是卻不知道，自己的熱情竟成了可怕的「引誘」動作。天鵝群在老夫婦細心照料下，不只慢慢地失去了求生存的本能，也漸漸地遺忘了要跟隨季節移動的自然規律。

因爲善心大發，老夫婦只顧著一味救助，反而讓天鵝們依賴成性，也失去了原來敏銳的「未雨綢繆」的天賦本領。

我們常說的「愛他適足以害他」，正可以用來作爲這故事的旨意，好心也會成就壞事，看似美麗的畫面其實正潛藏著可怕的黑暗危機。

因此，當我們分享愛的時候，不要只偏重在如何讓愛的溫度持續升高，而是要學會調控愛的溫度。

畢竟，不是每個人都適合相同的溫度，也不是所有情況都適宜用相同溫度來取暖！

人生的舞台上，每個人都是要角

只要我們不否定自己，懂得肯定自己當下扮演的角色，也相信自己這個角色的影響力，那麼我們都能給予自己恰當的評價。

「在你心中，誰才是最重要的？」

這個問題，從我們小的時候就經常被問及，或者連我們自己也都曾提出這樣的疑問，至於答案不是「你是最重要的」，便是「你們都是我最重要的心肝寶貝」。

有些人會認爲這樣的答案太籠統，不夠明確，但換個角度想，這個答案不正是我們想要的嗎？

蛇頭與蛇尾又在吵架了，它們經常爲了「誰是重要的」或是「誰是最沒用的傢伙」爭論不休！現在，它們正爲了「誰應該在前，誰又應該在後」的位置問題，爭執不下。

只見蛇頭、蛇尾越吵越兇，蛇頭忿忿地說：「我才是最重要的，如果不是我守在前面，並積極地探測前方的危險，又大口地將食物吞下，你怎能那麼健康、安全！我走在前面爲你開路，你敢說我不是最重要的？」

蛇尾頗不以爲然地說：「你最偉大？要不是我讓你，你哪能走在我的前面？如果我繞到樹幹上，然後再在上面纏繞個兩三圈，我看你還能怎麼走！假如我三天都不鬆開，你還能尋找食物嗎？哼，到那時候你還能這樣得意嗎？現在你再說說看，到底是誰最重要啊？」

蛇頭聽見蛇尾這麼說，想想也有道理，接著竟無奈地對蛇尾巴說：「好吧！你就別再往樹上爬了，算你重要，一切都讓你來做主好嗎？不過，你既然想當

『頭』，那便得走在前面，以後我就跟在你後面！」

蛇尾巴一聽高興得不得了，只見它挺起了腰桿，然後精神抖擻地超越蛇頭往前爬去。可是，走不到一百公尺，忽然聽見「啊」的一聲慘叫！

原來，不知道是誰堆起了一個火坑，正巧在蛇尾巴當頭時點燃。可憐這沒長眼睛的蛇尾，才享受幾分鐘當「頭兒」的滋味，轉眼間便又失去了「當家做主」的機會，更慘的是，它還害死了原本情同手足的好兄弟。

看見蛇尾與蛇頭的爭執，甚至蛇尾還孩子氣地要賴要求蛇頭退讓，讓人想起了生活中的人際爭執，其實不也像蛇尾一樣經常忘了自己應盡的本分，同時忘了自己的重要性。

看看好大喜功的蛇尾，原本能甩尾警示的重要功能，它不予以肯定，而能置敵於死地的纏繞力量，它不用來對付敵人，卻反過來對付自己人，目的竟只為了一圓「當頭兒」的夢想，是不是太笨了些？

我們不也如此，無論是蛇尾或蛇頭的角色，每個人原本就各有所長，無論是誰走在前面都沒有特意義，因爲人生並不會因此變得更加順暢，該走的難關我們始終都要遇上。只要我們不否定自己，懂得肯定自己當下扮演的角色，也相信自己這個角色的影響力，那麼不論誰在前誰在後，不論誰才是最重要的，我們都能給予自己恰當的評價。

還在計較誰該當頭嗎？就算別你處在「尾巴」的位置，何不這麼想：「是啊！我守在後面，因爲我是壓軸的！」

每個人都有自己所屬的角色，只要能盡本分努力做好自己的工作，不論位在哪個「位置」，都將是最閃耀的一顆星！

缺點永遠長在別人身上？

批評容易自省難，對許多人來說，缺點永遠長在別人的身上，而自己的過錯卻可以用很多種角度去原諒。

人都不喜歡尖酸惡毒的人，但卻經常表現出刻薄的模樣而不自知。仔細想想，你是不是經常如此，眼裡只看得見別人的小缺陷，卻絲毫看不見自己的大缺點？

有一天，天神說：「所有的動物們聽好，如果有誰對自己的相貌或形體不滿意的，今天都可以提出來，我會儘量幫你們修正。」

於是，天神轉身對猴子說：「猴子過來吧！你先說，你和他們比較之後，你認為誰最完美呢？你對自己的外形滿意嗎？」

猴子回答說：「我啊！我覺得我的四肢完美，相貌更是無可挑剔，所以我十分滿意啊！要跟其他動物比較的話，我倒覺得熊老弟的長相挺粗笨的，如果我是他的話，這輩子我再也不要看見自己這個蠢模樣！」

這時，大熊蹣跚地走過來，大夥都認為他也會這麼認為。

可是，沒想到他卻開始吹噓起自己，不僅認為自己外表威武雄壯，還不客氣地批評起大象。他說：「你們看一看大象老哥吧！雖然他十分壯碩，但是尾巴那麼短，耳朵又太大，身體根本笨重得毫無美感可言！」

老實的大象聽到大熊這番話，雖然沒有辯駁，卻批評起其他的動物：「以我的審美觀來看，海中的鯨魚比我肥胖多了，而螞蟻則太過渺小！」

這時，小螞蟻搶著說：「微生物才渺小呢！和他們比較起來，我簡直就像一隻巨象一樣！」

大殿前，沒有一隻動物懂得反省自己，全都在互相批評與指責對方，更沒有一個動物肯承認自己的不足。

天神無奈地搖了搖頭，只好揮手叫他們離開。

當你口沫橫飛地指責別人的缺點和不是之時，你能及時看見自己也踩在錯誤的紅線上嗎？

批評容易自省難，對許多人來說，缺點永遠長在別人的身上，而自己的過錯卻可以用很多種角度去原諒。

你有多久沒有自我反省了，快拿起鏡子照一照吧！仔細地看著鏡裡的自己，臉上沾了多少污垢？

等你把自己的臉洗乾淨之後，再來指責別人臉上的污點吧！

與其保護，不如教導正確的態度

孩子們真正需要的不是保護，而是教會他們怎麼樣面對困難，學會如何辨識生活中的危機，並教導他們，要有謙虛學習的人生態度。

我們可以指引孩子們生活的方向，但不能牽著他們的手前進。雖然適度的呵護能爲孩子帶來勇氣，但是，過度的保護只會讓孩子越來越缺乏信心，也越來越害怕遇到挫折。

孩子們總有一天都要離開父母的屛障，如果能早一點教會孩子做自己的靠山，才能讓孩子勇於面對挫折，減少危機。

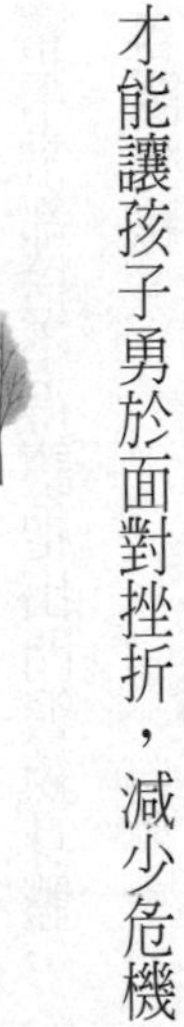

有一頭受盡寵愛的小野豬，一出生就被關在一座山洞裡餵養。疼愛孩子的母豬平常都捨不得讓牠出門鍛鍊身體，一直等到小野豬長大後，這才決定讓牠出洞，自謀生路。

年輕的野豬終於有機會到外面的世界看一看了，但從不曾走出山洞的牠，根本不知道外面的世界還有哪些動物，自己又應該培養什麼生存本事。所幸，剛出道的年輕野豬，一開始都只碰到一些力氣比牠小的動物，都能很輕鬆地應付。牠甚至還自負地說：「原來外面的世界根本沒有我想像中的難嘛！這世上的動物看來沒一個比得上我的。」

又過了幾天，野豬碰巧遇見了一隻野狼，毫不考慮地撲上去，一口便將大野狼給咬死了，這下子讓野豬更爲得意自滿了，行爲也越來越加大膽。

幾天之後，牠又輕輕鬆鬆地解決了一頭大鹿，這讓野豬對自己越發得意，暗下決定：「我要憑著自己的本領雄霸天下。」

這天，野豬正在森林裡散步，忽然，有隻大象朝著牠的方向走過來。野豬一看，心想：「這傢伙的塊頭眞大，不過，看樣子並不怎麼靈活，我想我可以在牠面前好好表現一下，讓牠佩服我，聽從我的指揮。」

野豬帶著必勝的信心，毫不猶豫朝大象衝了過去。與此同時，大象也發了敵人，毫不驚慌地舉起了長長的鼻子，迅速地將野豬捲了起來，接著高高舉起，然後狠狠摔到地面上。

這隻狂妄自大的野豬還來不及反應，便被大象那「力大無窮」的長鼻制服了。

在這故事中，年輕的野豬有錯，母親也有錯，前者錯在太過自負、自大，錯在不知天高地厚，讓自己深陷危險之中。

至於母親的錯，則錯在太過於寵愛孩子，因爲過度的保護，讓孩子沒能學會求生的本事。

現代社會中，這樣的情況屢見不鮮，因爲大人們的過分呵護，害孩子們連一點小挫折也無法承受，面對錯誤也不知道該如何檢討、負責。

父母們一味地要當孩子的靠山，卻忘了適時告訴孩子們：「總有一天，你們都要自己爬過這座山，到外面的世界尋找自己的未來。」

從教育的角度來看，孩子們真正需要的不是無微不至的疼愛和保護，而是教會他們怎麼樣面對困難，學會如何辨識生活中的危機，並教導他們，要有謙虛學習的人生態度。

如此一來，他們不僅能勇敢面對磨難，更知道：「人生原本就由許多挫折所組成，能克服它們，我的人生自然會海闊天空。」

從別人的缺點了解自己的不足

許多人看得見別人的缺點，卻察覺不到自己的盲點，嘲笑別人看不見危險，卻不知道自己原來也身陷危機之中。

不要老愛嘲笑別人的缺點，如果仔細比較一下，我們不難發現，自己的缺點其實一點也不比別人少，那麼，與其浪費力氣大聲嘲笑別人的不足，何不保留力氣，小聲清點並積極補強自己的缺點呢？

老天爺給你機會看見別人的不足，不是要我們看別人笑話，而是要提醒我們：「如果不想被人嘲笑，也不想發生類似的窘態，就快好好反省自己是不是也有相似的缺點吧！」

豬圈裡，有一群剛吃飽喝足的豬隻正躺在地上聊天、曬太陽。就在這個時候，原本平靜安詳的氣氛，因爲四個壯漢突然闖入而完全被破壞了。

「哪一隻？」

被驚醒的肥豬們這會兒也發現人們手上的繩子、棍棒和一把大刀，沒錯，主人們將在牠們之中選出最肥美的一隻來宰殺。

「就這隻！」

他們選定的目標是一隻又白又嫩的大肥豬，只見主人們一湧而上，很快地便將這隻大肥豬緊緊地綑綁起來。

「救命啊！兄弟們，救命啊！」大肥豬對著朋友們哀嚎著。

「哈！」其他的豬兄弟眼看著肥豬的倒楣相，竟冷眼嘲笑了起來。

「誰叫你要吃得那麼肥？每次在你大快朵頤時，怎麼都沒想到會被人們優先看中？你這不叫倒楣而是活該啊！笨豬！」有隻瘦不拉嘰的豬冷冷說道。

肥豬被殺後的第三天，壯漢再次出現，不過他們手上的工具似乎變少了，繩子比之前的短，手上的棍棒也沒有帶來。

「呵，今天不知道要輪到哪隻大肥豬倒楣了，喂，你們小心哪！」瘦豬冷笑道。因爲，牠從來都不認爲自己會被宰殺：「吃少一點，就不會被宰了。」

但是，今天主人們的選擇目標似乎改變了，正朝這隻瘦豬方向走來。

主人抱怨說：「唉，上次那隻豬太肥了，渾身是油，根本賣不到什麼好價錢，你們看，這隻豬一身瘦肉，想必可以賣得好價格了吧！」

瘦豬一聽，竟嚇得連求救聲都忘了，隱約間，朋友們聽見牠說：「沒想到我餓了一輩子，竟然換得這樣的結果，天哪！早知道我就該多吃一點，至少不會變成餓死鬼啊！」

許多人不也像瘦豬一樣，看得見別人的缺點，卻察覺不到自己的盲點，嘲笑別人看不見危險，卻不知道自己原來也身陷危機之中？

從另一個角度來看，從牠冷眼看待別人的態度中，我們不難窺見牠悲觀又自卑的心，那就像現實生活中，習慣以嘲諷別人來掩飾自己不足的人一樣，只懂得用否定別人的方式來肯定自己，卻不知道這個方法只安慰得了一時。

瘦豬臨死之前，心中必然充滿懊悔：「怎麼我只知道笑別人蠢，卻不知道自己比他們還笨，自以爲聰明地讓自己天天過著挨餓的日子，唉，看來最笨的人是我自己，至少肥豬生前的日子都過得比我快樂！」

聽見了瘦豬的最後心聲，下一次當你想嘲笑別人的不足前，何不寬容一點提醒自己：「我是不是也有相同的缺點啊？或者，我也該仔細看看自己哪裡不足，然後好好充實，才不會和他一樣犯下難以彌補的錯誤。」

15週年
全新修訂本
改變心境，
就能
改變環境
全集
Changing your mind
can change everything
黛恩
著
把逆境變成
心境
Changing your mind
泰倫底馬斯說：「你可能做不到你想做到的一切，但是，你絕對可以做到你希望做到的一切。」
我們經常會為自己做不到的事情找藉口，但是與其為這些無法改變的事實鑽牛角尖，還不如改變自己的心境，把一切的不如意，
當成是老天給自己的禮物，才能為自己所面臨的困境找到出口。
迪斯雷利曾經說過：「人類難以控制環境，然而，卻能掌控自己的心境。」
的確，我們身處什麼樣的環境，並非可以由我們決定和掌握，但是，只要願意，絕對可以藉由改變自己的心境，來改變無法改變的環境。

生活良品

11

向刻薄的人學習寬容 全集

作　　者　王　渡
社　　長　陳維都
藝術總監　黃聖文
編輯總監　王　凌
出 版 者　普天出版家族有限公司
新北市汐止區康寧街 169 巷 25 號 6 樓
TEL / (02) 26921935 (代表號)
FAX / (02) 26959332
E-mail：popular.press@msa.hinet.net
http://www.popu.com.tw/
郵政劃撥 19091443 陳維都帳戶
總 經 銷　旭昇圖書有限公司
新北市中和區中山路二段 352 號 2F
TEL / (02) 22451480 (代表號)
FAX / (02) 22451479
E-mail：s1686688@ms31.hinet.net
法律顧問　西華律師事務所・黃憲男律師
電腦排版　巨新電腦排版有限公司
印製裝訂　久裕印刷事業有限公司
出 版 日　2019 (民 108) 年 9 月第 1 版
ISBN◉978-986-389-670-8　　　條碼 9789863896708

國家圖書館出版品預行編目資料

向刻薄的人學習寬容 全集／
王渡著.—第 1 版.—：新北市,普天出版
民 108.9 面；公分. - (生活良品；11)
ISBN◉978-986-389-670-8 (平裝)